dtv

W0210168

Schloß Rheinsberg wirkt wie ein Gegenentwurf zu märkischer Kargheit und unerbittlicher preußischer Pflichterfüllung, kurz: wie ein Traum vom Glück. Kronprinz Friedrich hat ihn hier geträumt, vier Jahre lang, bevor er die Last der Regierung übernahm und die Welt ihn »den Großen« nannte. Für Jahrzehnte gehörte Rheinsberg aber Heinrich, dem nach Neigung und Fähigkeiten seinem Bruder Friedrich so ähnlichen preußischen Prinzen. Er, von dem man nur wenig weiß und dessen Schicksal es war, »durch ein helleres Licht verdunkelt zu werden«, hat hier fast fünfzig Jahre »gelebt, geherrscht, geschaffen und gestiftet« und ist doch auch hier ein halb Vergessener geblieben. Dem Besucher, der heute nach Rheinsberg kommt, gibt der Autor all die Fakten an die Hand, die er zu Baugeschichte und historischer Bedeutung wissen will und die diesen Ort mit Leben erfüllen.

Wie kein anderer versteht Christian Graf von Krockow es auch hier, Geschichte durch Geschichten plastisch und lebendig werden zu lassen. Der Leser erfährt neben handfesten Daten über Entstehung von Schloß und Park auch viel über dessen Bewohner, über das schwierige Verhältnis der beiden Brüder Friedrich und Heinrich, und schließlich auch über Zerstörungen und Zweckentfremdungen nach 1945 und über Restaurierung von Schloß und Park in jüngster Zeit. Entstanden ist ein unterhaltsam informatives Werk zwischen Geschichtsbuch und Reiseführer.

Christian Graf von Krockow, am 26. Mai 1927 in Ostpommern geboren, studierte Soziologie, Philosophie und Staatsrecht und lehrte Politikwissenschaft. Seit 1969 lebt er als freier Wissenschaftler und Publizist in Göttingen. Neuere Buchveröffentlichungen u. a.: ›Fahrten durch die Mark Brandenburg‹ (1991), ›Unser Kaiser‹ (1993), ›Begegnung mit Ostpreußen‹ (1994), ›Von deutschen Mythen‹ (1995).

Christian Graf von Krockow

Rheinsberg

Ein preußischer Traum

Mit 28 Abbildungen

Deutscher Taschenbuch Verlag

Von Christian Graf von Krockow
sind im Deutschen Taschenbuch Verlag erschienen:
Die Stunde der Frauen (30014)
Die Reise nach Pommern (30046)
Friedrich der Große (30342)
Fahrten durch die Mark Brandenburg (30381)
Begegnung mit Ostpreußen (30493)
»Unser Kaiser« (30539)
Von deutschen Mythen (36028)

Ungekürzte Ausgabe
Dezember 1997
Deutscher Taschenbuch Verlag GmbH & Co. KG,
München
© 1992 E. A. Seemann Kunstverlag, Leipzig
ISBN 3-363-00554-7
Umschlagkonzept: Balk & Brumshagen
Umschlagfoto: © KEYSTONE Pressedienst
Satz: Design Typo Print, Ismaning
Gesetzt aus der 10,4/13° Stempel Garamond
Druck und Bindung: C.H. Beck'sche Buchdruckerei,
Nördlingen
Gedruckt auf säurefreiem, chlorfrei gebleichtem Papier
Printed in Germany · ISBN 3-423-30649-1

Inhalt

Das Schloß vom gegenüberliegenden Ufer aus

Vorwort

»Unser Leben währet siebzig Jahre, und wenn's hoch kommt, so sind's achtzig Jahre, und wenn's köstlich war, so ist es Mühe und Arbeit gewesen; denn es fähret schnell dahin, als flögen wir davon.«

Das steht in der Bibel, im Psalm 90. Der große und dauerhaft prägende Erzieher zum Preußentum, Friedrich Wilhelm I., der fromme und bibelfeste »Soldatenkönig« zitiert also, als er an den Fürsten Leopold von Anhalt-Dessau, seinen Freund und den Exerziermeister seiner Armee, in einem Brief vom 28. Juli 1721 schrieb: »Parol' auf dieser Welt ist nichts als Müh' und Arbeit.«

Man könnte das als einen preußischen Wahlspruch begreifen. Und man könnte noch einen zweiten, einst populären Spruch anfügen, der nicht vom König, sondern treffsicher aus dem Volksmund stammte: »Preuße zu sein ist eine Ehre, aber kein Vergnügen.« Denn wahrlich: Von der Mühe und Arbeit für kargen Lohn, von der Leistungsbereitschaft und von der Pflichterfüllung bis zum äußersten hing hier alles ab, in dieser durch und durch »künstlichen« Staatsschöpfung, die weder ein Stammesland noch ein Nationalstaat war und sich ganz auf die Anspannung des Willens gründete. Der Dienst, die Pflichterfüllung:

»Gib, daß ich tu mit Fleiß, was mir zu tun gebühret,
Wozu mich dein Geheiß in meinem Stande führet.
Gib, daß ich's tue bald, wann ich es tuen soll,
Und wenn ich's tu, so gib, daß es gerate wohl.«

Das sangen die preußischen Grenadiere auf ihrem Marsch in die Schlacht bei Leuthen, einen Choral, und worum sie da sangen und beteten, war Pflichterfüllung im Kriegshandwerk, im Angesicht des Todes.

Uns mag das sehr ferngerückt sein und fremd anmuten bis zum Schaudern. Aber unverständlich bleibt es dennoch nicht. Was immer als höchst fragwürdige Verklärung dem preußischen Patriotismus oder – nach 1871 – einem »siegesdeutschen« Wahn zuzurechnen sein mag, eines scheint sicher: Nur dank der Leistungsbereitschaft und Pflichterfüllung, sei es nun in der Mühsal des Friedensalltags oder sei es im Krieg, ist das Unwahrscheinliche möglich geworden: daß ein armseliges, rückständiges und zerrissenes Staatsgebilde sich emporrackerte, hinaufkämpfte zu historischer Bedeutung, zu europäischem Rang und zur Zentralmacht in der neueren deutschen Geschichte.

Daraus wiederum ist zu verstehen, daß man diese Mühe und Arbeit, die Leistungsbereitschaft und die Pflichterfüllung im Dienst für den Staat zur preußisch-deutschen Wesensbestimmung ausgerufen und als Tugenden eingeübt hat – nicht im Wettstreit oder in der Balance mit anderen Tugenden, sondern als die ersten und höchsten, als die beherrschenden und beinahe einzigen, nach denen das Leben gewogen sein soll. Sebastian Haffner hat von einem Religionsersatz gesprochen und gesagt, daß mit ihm sich leben ließ, »und sogar ordentlich und anständig leben – solange der Staat, dem man diente, ordentlich und anständig blieb«*.

Aber war es wirklich so einfach, ist es menschlich, kann man das durchhalten? Oder liegt unter der königlich preußischen Parole vielleicht etwas anderes vergraben? Meint man in ihr nicht ein Seufzen zu hören? Rührt sie mithin an Verborgenes, Übertäubtes, Verdrängtes? Wächst ihre Anspannung, ihre Bedeutung und am Ende sogar ihre Größe womöglich aus dem Gegensatz, aus der Sehnsucht nach einem schöneren Leben, das nicht mehr von Mühe und Arbeit,

** Sternchen verweisen auf die Anmerkungen ab Seite 112.*

sondern von Heiterkeit, vom Spiel, von Freundschaft und Liebe, vom Glück bestimmt wird? Gibt es gar ein Grundrecht auf Glück, wie es – noch zu Lebzeiten Friedrichs des Großen – die amerikanische Unabhängigkeitserklärung proklamierte? Sollte zumindest das Träumen vom Glück nicht erlaubt sein? Hat es solch einen Traum nicht auch in Preußen gegeben?

Doch, durchaus. Und mit dem Traum verbindet sich ein Name, ein Ort: Rheinsberg. Er gewinnt seine Konturen aus dem Kontrast. Hier – und beinahe nur hier – war einmal die Heiterkeit zu Hause; hier, so scheint es, begegnet uns die preußische Gestalt des Glücks. Hat nicht Kurt Tucholsky den Geist des Ortes, das Lächeln, eine Form von Verheißung erspürt und seither unsere Vorstellungen bestimmt, als er – in genau dem Alter, in dem Friedrich Rheinsberg zum Geschenk erhielt – sein »Bilderbuch für Verliebte« aufblätterte?

Im Jahre 1734 kaufte der Soldatenkönig Rheinsberg für den wieder in Gnaden angenommenen Sohn. Nach dem schreckensvollen Konflikt mit dem Vater, dem Fluchtversuch und Prozeß, dem Abgrund von Küstrin mit der Hinrichtung des Freundes Katte vor seinen Augen, nach der Bewährung als Regimentskommandeur in Neuruppin fand Friedrich hier zum eigenen Leben, zum Freundeskreis, zu Geselligkeit und Gespräch, zu Geist und Musik, zu Büchern und zum Schreiben, zum Briefwechsel mit Voltaire. Von 1736 bis 1740 vier leuchtende Prinzenjahre, von Regierungsgeschäften, von Verantwortung noch kaum beschwert: Friedrich selbst hat gesagt, er sei sein Leben lang unglücklich und nur in Rheinsberg glücklich gewesen.

Beim näheren Zusehen entstehen freilich seltsame Fragen. Wie eigentlich sah Friedrichs Ehe aus, für die der geizhalsige König doch das Geld zum Ankauf und Ausbau des Schlosses spendierte? Gab es diese Ehe überhaupt? Als eine Gans, die er fortstoßen werde, sobald er der Herr sei, hat Friedrich die aufgezwungene Gemahlin schon vorweg verurteilt – und sei-

Steinvase im Park

ner Ankündigung die Tat folgen lassen, bald nachdem der Tod Friedrich Wilhelms ihm dazu die Macht gab. Was also verbarg der Verstellungskünstler, zu dem Friedrich in seinen Ängsten vor dem Vater von früh auf erzogen worden war, hinter dem Rheinsberger Anschein von Eheglück? Und welch ein Frauenleben hat Elisabeth Christine hier wirklich geführt? Oder warum las der Kronprinz so verbissen, daß er sich dafür sogar den Schlaf abzugewöhnen versuchte? Fieberte er insgeheim schon der Herrschaft und seinem Rendezvous mit dem Ruhm entgegen? Warum, wenn er hier einmal glücklich war, ist er als König kaum noch und nach 1746 überhaupt nicht mehr zurückgekehrt? Warum übergab er das Schloß an den Bruder Heinrich?

Die Erwartung der Freunde, daß dieser König ein märkisches Athen begründen und daß es Dukaten für Kunst und Kultur statt für die Soldaten regnen werde, wurde ohnehin so schnell wie bitter enttäuscht. Der Traum von Rheinsberg zerbrach an der Wirklichkeit; zum Modell für Preußen taugte er nicht.

Eine weitere und wichtige Frage ist, wem wir Rheinsberg im Rückblick zuordnen sollen. Für Friedrich zählen vier Jahre, um den Regimentsdienst in Neuruppin und längere, teils mehrmonatige Reisen noch verkürzt. Heinrich dagegen, der Schloßherr seit 1744, starb 1802. Auch wenn die Königsgabe anfangs mit Widerhaken versehen war und er erst nach seiner Heirat ab 1753 hier wohnen durfte, wenn dann der Siebenjährige Krieg, diplomatische Missionen und eigene Reisen ihn fernhielten, dann hat er doch in dem Schloß am Grienericksee so viele Jahrzehnte verbracht, wie Friedrich Jahre. Er hat seinen eigenen kleinen Hofstaat unterhalten, hat das Theater erbaut und die Parkanlagen geprägt. In der Achse, im Blickfang des Schlosses hat er als sein eigenes Merkzeichen den Obelisken ans gegenüberliegende Seeufer gesetzt. Nicht Friedrichs, sondern sein Leben zeigt sich wahrhaft, als Schicksal, mit Rheinsberg verbunden.

Schloß zur Zeit Prinz Heinrichs. Kupferstich von B. Schwarz, nach 1774

Es war ein Leben im Bruderschatten. Alle Anlagen und Neigungen, die Begabungen und die Leistungen beweisen die Nähe zu Friedrich. Auch Heinrich bewährte sich als Feldherr von Rang – manche haben gemeint: als der ranghöhere – und als ein fähiger Diplomat. Auch seine Zuneigung galt der Musik, auch er war für Männerfreundschaften statt für die Frauenliebe geschaffen, und womöglich noch mehr als sein Bruder fühlte er sich der französischen Sprache und Aufklärung verbunden.

Aber der Schatten machte düster; er zeugte keine Liebe, vielmehr den Groll, um nicht zu sagen den Haß. Heinrichs Rheinsberg entwickelte sich zu einem Ort der Fronde gegen Friedrich, und der Obelisk enthüllt sich als das Denkmal des Grolls. Der König wiederum griff finster ein und ließ Heinrich kaum jemals das Leben führen, nach dem er sich sehnte. Überdies triumphiert Friedrich in der Sonne des Ruhms bis heute, wenn sich unsere Vorstellung von der märkischen Idylle noch immer mit ihm statt mit dem Bruder verbindet.

Wahrscheinlich heißt es darum einer verborgenen Wahrheit von Rheinsberg auf die Spur kommen, wenn wir den Prinzen Heinrich besuchen und seinem Leben im Schatten unser Nachdenken widmen.

Ein preußischer Traum, der zerbrach, ein bloßes Versprechen von Glück: Dies beschreiben heißt allerdings etwas anderes aufblättern als ein Bilderbuch für Verliebte. Dennoch oder genau darum erweist sich Rheinsberg als ein bedeutender, Geschichten erzählender, Geschichte enthüllender Ort. Hier, wie vielleicht nirgendwo sonst, in der Härte des Kontrasts begegnet uns Preußen – dieses, mit Fontane zu reden, »gleich sehr zu hassende und zu liebende Preußen«.

Blick vom Ehrenhof auf die Kolonnade

Die Idylle im Abseits

»Rheinsberg von Berlin aus zu erreichen ist nicht leicht.« Mit dieser Klage begann einst Fontane seinen Bericht.* Heute, im Zeichen der allgemeinen Motorisierung, haben wir es einfacher als der Wanderer durch die Mark Brandenburg. Zwar bleibt hier und dort Behutsamkeit geboten, und auf dem einen oder anderen Straßenkilometer möchte man beinahe glauben, daß der Bescheid ein für allemal abschreckend wirkte, mit dem König Friedrich auf die Zumutung reagierte, 195 Taler, 22 Groschen und 8 Pfennige für eine Wegeverbesserung auszugeben: »Die Reparation war nicht nöthig. Ich kenne den Weg und muß mir die Kriegs-Camer vohr ein großes Beest halten, um mir mit solches ungereimtes Zeug bei der Nahse kriegen zu wollen.«

Aber Rheinsberg zu erreichen ist inzwischen leicht. Obschon in einiger Entfernung, führen bequem genug im Westen die Autobahn von Berlin nach Hamburg und im Süden die Bundesstraße von Neuruppin nach Eberswalde, im Osten die von Oranienburg nach Neustrelitz und Neubrandenburg vorüber. Nur auf öffentliche Verkehrsmittel, auf Busse und Bahnen sollte man besser nicht angewiesen sein.

Dennoch, kein Zweifel: Rheinsberg liegt im Abseits. Es kennt keine Ballungen der Industrie, keine Lawinen von Autos, keine Massen von Menschen. Die Zeiten sind allerdings vorüber, in denen von Fontane bis Tucholsky Schloßbesucher den Kastellan aus seiner Mittagsruhe läuten mußten.

Doch die Vorhersage des Engländers Andrew Hamilton, der 1872 nach Rheinsberg kam, daß der stille Ort früher oder später »überflutet und von Touristen überlaufen« sein werde*, ist bisher nicht eingetroffen; der Zustrom hält sich in bekömmlichen Grenzen. Kein Vergleich, gottlob, mit Heidelberg oder Neuschwanstein.

Die Lage im Abseits läßt sich als Idylle deuten. Rheinsberg liegt am Südende des Grienericksees, das Schloß unmittelbar am Ausfluß des Rhin. Nach Norden schließt sich der Rheinsberger See an; ihm folgt eine Vielzahl verzweigter Gewässer, die schließlich zur Mecklenburger Seenplatte hinführen. Seen, vom Schilf geschmückt, von Wäldern umstanden und nur selten von Siedlungen, von meist unscheinbaren Dörfern eher gesäumt als bedrängt, untereinander durch kleine Kanäle oder durch einen so bescheiden geruhsamen Fluß wie den Rhin verbunden: Für Bootswanderer, die die Stille suchen, kann es ein schöneres Revier schwerlich geben.

Erst recht kann man zu Fuß oder mit dem Fahrrad wandern, ohne von staubwirbelnden Sängerbataillonen gestört zu werden. Nach Nordosten ist es nicht weit bis zum Naturschutzgebiet um den Großen Stechlinsee, der durch Fontane zu seinem literarischen Ruhm gelangte. Nach Westen und Südwesten dehnt sich die Kyritz-Ruppiner Heide. Das Wort »Heide« verweist im alten norddeutschen Sprachgebrauch auf ein umfangreiches Waldgebiet, und schon ein Blick auf die Landkarte zeigt, daß über weite Strecken die Ansiedlungen völlig fehlen, von ein paar Forsthäusern abgesehen.

Idylle im Abseits: Sie wird vielleicht gerade dann anschaulich, wenn jäh das Unvermutete sie überfällt. In diesem Sinne erzählt Fontane vom Pfingstbesuch Friedrich Wilhelms I. im Jahre 1737:

»Als ein frommer Christ, der nicht leicht einer Predigt vorüberging, war er, ehe er den kronprinzlichen Sohn im Schloß drüben überraschte, zuvor noch in die Kirche getreten. Und das war gut. Aber freilich ein so frommer Herr er war, ein so strenger Herr war er auch, und der alte Geistliche Johann Rossow, der das Glück oder Unglück hatte, den König schon von früher her zu kennen, erschrak beim Anblick Sr. Majestät dermaßen, daß er nur noch fähig war, mit zit-

Blick durch die Kolonnade auf das Parterre am Grienericksee

ternder Stimme den Segen zu sprechen. Worauf der König mit dem Stock nach der Kanzel hinauf drohte, eine Form der Aufmunterung, die begreiflicherweise völlig ihres Zwecks verfehlte. Johann Rossow starb bald nachher infolge des Schrecks. Im übrigen aber muß Rheinsberg und ganz besonders sein Pfarrhaus immer eine gesunde Luft gehabt haben. Von 1695 bis 1848, also in mehr als hundertundfünfzig Jahren, finden wir daselbst nur vier Prediger.«*

Die gute Luft gibt es bis heute. An einem Sommernachmittag durch den Schloßpark spazieren, auf einer Bank sich niederlassen, dem sanften Wellenschlag des Sees lauschen, den Schwänen, Wildenten und Haubentauchern zuschauen, dann dem Boberow-Wald zuwandern oder vom Gegenüber her der Spiegelung des Schlosses im Wasser nachsinnen, sich an die einstigen Bewohner erinnern und die Bilder ihres Rheinsberger Lebens ausmalen: eine Idylle fürwahr.

Deren Kehrseite, von den Besuchern kaum bemerkt, war

freilich seit Menschengedenken die Armut. Wenn die Mark Brandenburg »des Heiligen Römischen Reiches Streusandbüchse« genannt worden ist, dann trifft auf das Gebiet um Rheinsberg exemplarisch zu, daß es in ihm nur den Sand reichlich gibt. Sand oder Sumpf, und der Sand nährt die Kiefern. Die Landwirtschaft jedoch bot bei endloser Plackerei sehr geringen Ertrag. Da im übrigen ein Sandboden das Wasser nicht festhält, bedeuteten ein paar Wochen ohne reichlichen Regen schon Mißernte und den Sturz in die Not. Auch von der Forstwirtschaft und vom Fischfang war wenig zu erhoffen. Zwar mag es uns scheinen, als müßten wenigstens sie sich gelohnt haben. Aber wie denn sollte man – vor dem Zeitalter der Eisenbahnen – das Holz über weite Strecken zu größeren Städten oder zur Küste transportieren? Oder wie den Fisch vor der Erfindung von Kühlketten? Nein, nochmals: Die Idylle, die den Zugereisten entzückt, hatte zu ihrer Kehrseite immer die Armut; die geringe Siedlungsdichte kommt kaum von ungefähr.

Zu dem, was die Natur verhängte, gesellte sich das Unheil aus Menschenhand: »Der Dreißigjährige Krieg brach herein mit seinem namenlosen Elend. Mehr als irgendein anderer in der Mark hatte der Ruppiner Kreis zu erdulden, und das will viel sagen. Jahraus, jahrein hören wir von nichts als von Sengen und Brennen. Freund und Feind wetteifern im Verwüsten. Schweden, Dänen und Sachsen, selbst brandenburgische Soldateska, die Horden Tillys und Wallensteins, der Gallas und der Banér, zwei Unmenschen, bei deren bloßen Namen der Landmann sich bekreuzigte, jagten einer den andern über die Fluren der Mark oder nisteten sich daselbst ein, das arme Volk bis aufs Mark aussaugend und dann beim Abzug den Rest seiner Habe in Brand steckend. Unbeerdigt lagen die Leichen erschlagener Bauern überall auf den Straßen umher. Die Überlebenden flüchteten in die Wälder, ihr Dasein von Eicheln fristend, und wurden schließlich den Wilden ähnlich. Im Jahre 1640, so lesen wir, waren in der

Ansicht des Schlosses von der Parkseite mit dem Grienericksee

Grafschaft Ruppin nur noch vier Dörfer bewohnt, neunzig lagen in Asche. Nicht besser erging es den Städten. 1634 wird Rheinsberg niedergebrannt, 1637 bricht die Rinderpest, 1638 die wirkliche Pest aus. ›Einmal flüchtet beim Nahen des Feindes der Geistliche mit dem Reste der Bewohner auf die Remusinsel, und dort werden alle niedergemetzelt.‹ – Vierzig Jahre später, als der Große Kurfürst sich mit den Holländern gegen Ludwig XIV. verbündete, nahmen die Dinge sehr bald wieder einen nicht minder schlimmen Verlauf. Im Jahre 1675 quartierte sich Wrangel mit einem schwedischen Heer in und um Rheinsberg ein. Wieder wurde die Stadt, bis auf sieben Häuser, ein Raub der Flammen, und wieder flüchteten die Einwohner auf die Remusinsel.«*

Im Jahre 1740 brannte übrigens Rheinsberg noch einmal nieder; sogar das Schloß geriet in Gefahr. Die Stadt – der heutige Ortskern – wurde dann nach Plänen von Knobelsdorff als ein geschlossenes Ensemble mit verbreiterten Straßen neu erbaut.*

Die Lage im Abseits macht die Idylle möglich, und sie bedingte die Armut. Doch vielleicht wäre von dieser Lage noch in einer dritten Bedeutung zu reden. Wenn nämlich Rheinsberg einst von Berlin aus – oder natürlich auch von Potsdam – nicht leicht zu erreichen war, dann konnte man hier ein Eigenleben führen, eine Selbständigkeit entwickeln und behaupten, wie das bei geringer Entfernung zu den Zentren des Landes kaum möglich gewesen wäre.

In gewissem Sinne gilt das schon für eine ältere Zeit. Die Herren des Landes Ruppin, zu dem Rheinsberg gehörte, waren bis zum Aussterben ihrer Sippe im Jahre 1524 die Grafen von Lindow. Da sie in der Regel in Ruppin residierten, wurde es üblich, von der »Grafschaft Ruppin« zu sprechen, so wie Fontane es tut. Später haben die Hohenzollernkönige unter ihren vielen Titeln auch den – streng genommen unzutreffenden – der Grafen von Ruppin geführt, und manche, so Friedrich II. und Friedrich Wilhelm III., haben sich des Namens bedient, wenn sie unerkannt reisen wollten.

Die Grafen von Lindow standen nun zwar in einem Lehnsverhältnis zu den Markgrafen und Kurfürsten von Brandenburg. Weil aber diese Lehnsherren manchmal schwach und durchweg eben weit entfernt waren, regierten sie wie Fürsten und Standesherren ganz aus eigenem Recht. Sie schlossen Bündnisse und führten Krieg, ohne ihre Lehnsherren zu fragen; manchmal gerieten sie mit ihnen sogar in Fehde.

Interessanter ist für uns die neuere Zeit, in der aus einem schwachen Kurfürstentum bereits das mächtige und straff organisierte Preußen geworden war. In Rheinsberg haben Kronprinz Friedrich und Prinz Heinrich zu ihrem eigenen Leben und – in den gebotenen Grenzen – zur Unabhängigkeit gefunden; genau darum faszinieren uns die Jahre oder Jahrzehnte, die sie hier verbrachten. Nur als Gedankenexperiment stellte man sich einen anderen Ort im Bannkreis von Berlin und Potsdam vor, etwa auf der Pfaueninsel in der Havel unweit des Wannsees oder bei Potsdam zwischen Jungfernsee und Heiligem See, dort, wo in unserem Jahrhundert Cecilienhof als letzter Schloßbau für einen Kronprinzen aus dem Hause Hohenzollern entstand.

Hätte sich an solchen Orten ein Leben wie in Rheinsberg entwickeln können? Wohl kaum. Immerfort, bei den geringsten Zeichen von Unbotmäßigkeit, wäre man nach Potsdam zum Rapport und zur Ordnung gerufen worden; immerfort wären Freundeskreis und Hofstaat den Lockungen Berlins ausgesetzt gewesen und gewiß mehr als bekömmlich erlegen. Wenn dagegen von einem Günstling des Prinzen Heinrich, dem Major von Kaphengst, berichtet wird, daß er von Rheinsberg aus nach dem Frühstück Gewaltritte nach Berlin unternahm, um dort Abenteuer zu suchen und noch rechtzeitig zum Souper wieder zurückzukehren, dann wird der Ausnahmecharakter deutlich: Derlei prägte sich ein und imponierte sogar, weil es eigentlich gar nicht zu leisten war.

Von der Distanz zur Distanzierung, vom Eigenleben zur Opposition war es nicht weit. Friedrich hütete sich zwar, die Ungnade seines Vaters noch einmal herauszufordern; die Briefe, die er nach Potsdam schrieb, triefen – man kann es kaum anders sagen – von demütigem Gehorsam. Aber wie er seine Zeit in Rheinsberg verbrachte oder nicht verbrachte, spricht um so deutlicher: Vom mangelnden Kirchenbesuch und fehlenden Jagdeifer über das Flötenspiel, die Vorliebe für das aufgeklärte Philosophieren und das Lesen französischer Literatur bis zum Briefwechsel mit Voltaire handelte es sich um genau das, was der Soldatenkönig verabscheute und was ihn einst – in der Nähe – zu den Ausbrüchen seines Zorns getrieben hatte.

Die Opposition fand im übrigen ihren bildhaften Ausdruck, wie Friedrich selbst dem Freiherrn von Bielfeld in einem Brief vom 30. Oktober 1739 berichtete: »Das schönste Stück ist noch nicht fertig, man arbeitet mit aller Macht daran. Dieses ist ein prächtiger Saal, überall mit nachgemachtem Marmor bekleidet und mit großen Spiegeln und vergoldeten Metallen ausgeschmückt. Der berühmte Pene (Antoine Pesne) arbeitet an dem Gemälde der Decke. Solches stellt den Aufgang der Sonne dar. Auf der einen Seite erblickt man die Nacht, verhüllt in ihrem Schleier, umringt von ihren traurigen Vögeln ... Sie selbst scheint sich zu entfernen und der Morgenröte Platz zu machen.«

Genauer: Die aufgehende Sonne siegt über die Schatten der Finsternis – oder, noch genauer, wie die Leute bald sagten: »Der junge Leuchteprinz vertreibt den König Griesegram.« Die Schleier einer allegorischen Darstellung verhüllen den Sachverhalt nur dürftig, und Hamilton kommentiert: »Es kann uns nicht zweifelhaft sein, daß der Maler, wenn nicht sein Auftraggeber, dabei den damaligen Stand der Dinge im Königreich Preußen im Auge gehabt hat. Das aber erscheint uns zweifelhaft, ob es weise gehandelt war, in so unzweideutiger, für jeden verständlicher Sprache zu reden. Der König wurde unterrichtet über das, was in Rheinsberg vorging, und dürfte mit Recht Anstoß genommen haben, daß er als Genius der Nacht im schwarzen Schleier figurieren sollte, der dem Wagen Apolls, den Liebesgöttern und Grazien und der Nachwelt den Rücken kehrt.«*

Doch das Bild sprach wahr: König Griesegram starb, und der junge Leuchteprinz bestieg den Thron. Friedrich wiederum, nachdem er das Schloß weggeschenkt hatte, wußte wahrscheinlich, warum er dem um vierzehn Jahre jüngeren Prinzen Heinrich das Residieren in Rheinsberg verweigerte, solange das möglich war, und ihn zwang, in seiner Nähe auszuharren. Dennoch ist Heinrichs Rheinsberg später zum Ort einer bitteren Fronde gegen Friedrich geworden; davon wird noch zu reden sein. Den Geist oder Ungeist des Ortes hat Fontane in seinem berühmten Altersroman »Der Stechlin« mit einem Lächeln dargestellt, wenn er die Konservativen schmollen läßt, nachdem bei einer Wahl »die Sozialdemokraten einen beinahe glänzenden Sieg davongetragen hatten«:

»›Hole der Teufel das ganze Rheinsberg!‹ verschwor sich ein alter Herr von Kraatz, dessen roter Kopf, während er so sprach, immer röter wurde. ›Dieses elende Nest! Wir bringen ihn wahr und wahrhaftig nicht durch, unsern guten alten Stechlin. Und was das sagen will, das wissen wir. Wer gegen uns stimmt, stimmt auch gegen den König. Das ist all eins. Das ist das, was man jetzt solidarisch nennt.‹

›Ja, Kraatz‹, nahm Molchow, an den sich diese Rede vorzugsweise gerichtet hatte, das Wort, ›nennen Sie's, wie Sie wollen, solidarisch oder nicht; das eine sagt nichts, und das andre sagt auch nichts. Aber mit Ihrem Wort über Rheinsberg, da haben Sie's getroffen. Aufmuckung war hier immer zu Hause, von Anfang an. Erst frondierte Fritz gegen seinen Vater, dann frondierte Heinrich gegen seinen Bruder, und zuletzt frondierte August, unser alter forscher Prinz August, den manche von uns ja noch gut gekannt haben, ich sage: frondierte unser alter August gegen die Moral. Und das war natürlich das Schlimmste. (Zustimmung und Heiterkeit.) Und bestraft sich zuletzt auch immer. Denn wissen Sie denn, meine Herren, wie's mit Augusten schließlich ging, als er durchaus in den Himmel wollte?‹

›Nein. Wie war es denn, Molchow?‹

›Ja, er mußte da wohl ne halbe Stunde warten, und als er nu mit nem Anschnauzer gegen Petrus rausfahren wollte, da sagte ihm der Fels der Kirche: Königliche Hoheit, halten zu Gnaden, aber es ging nicht anders. – Und warum nicht? Er hatte die elftausend Jungfrauen erst in Sicherheit bringen müssen.‹«*

Der Frauenheld August, der 1843 starb, hatte Rheinsberg 1813 von seinem Vater Ferdinand geerbt. Er quartierte im Schloß seine morganatisch ihm angetraute Lebensgefährtin, eine Frau von Prillwitz, mit ihren Kindern ein.

Immerhin, der Oppositionsgeist von Rheinsberg kannte seine Grenzen und vor allem die feineren Unterschiede. In dem großen Spiegel- oder Konzertsaal, den Pesnes Deckengemälde vom glorreichen Sonnenaufgang und von der Vertreibung der Nacht beziehungsreich schmückt, fand im Sommer des Revolutionsjahres 1848 »ein etwas in rot getauchtes Ruppin-Rheinsbergisches Gesangsfest statt, das eigentümlich gestört wurde. Man war eben auf der ›Höhe der Situation‹, als sich plötzlich eine halbe Stuckwand loslöste und mitten in den entsetzten Sängerkreis hineinfiel. Alles stob auseinander. Das Mauerwerk des alten Schlosses hatte sich aus seinen friderizianischen Erinnerungen heraus empört.«*

In England würde man sachverständig nicken und sagen: So war es. Nur hierzulande wuchert die Skepsis. Aber dies scheint nicht der einzige Zwischenfall solcher Art geblieben zu sein. Mehr als ein Jahrhundert später, in der DDR-Zeit, als das Schloß als Sanatorium genutzt wurde, soll sich ähnliches ereignet haben:

»Eine namhafte Gelehrte, die verdientermaßen kritisch mit dem Betragen des Herrn König Friedrich umging, fährt dorthin zur Kur und kommt auf der Treppe so unglücklich zu Fall, daß sie sich beide Unterschenkel bricht oder die Füße, erzählen die Leute. Das ist traurig. Und einige sagen, der Geist Friedrichs habe ihr seinen erzürnten Krückstock zwischen die Beine gehalten, als sie die Treppe hinunterging.«

»Wer weiß, was mir passiert, wenn ich nach Rheinsberg fahre«, fügt der Autor hinzu. »Vorsichtshalber war ich noch nie dort.«*

Das Schloß und der Park

Im Jahre 1335 wird Rheinsberg erstmals in einer Urkunde erwähnt, freilich in einer anderen und danach immer wieder wechselnden Schreibweise: Rynnsperg, Rynesberg, Rinsspergh, Reniperg – und so fort in allen nur denkbaren Variationen. Im Landbuch Kaiser Karls IV. wird der Ort als einer der festen Plätze des Lindowschen Gebietes aufgeführt. Um eine bedeutende Stadt handelte es sich allerdings kaum, und daran, mit Verlaub, hat sich durch alle Wechselfälle der Jahrhunderte bis heute wenig geändert. Die Bekanntheit und unser Interesse sind nur dem Schloß und seinen Bewohnern zu danken – sofern man von Tucholsky einmal absieht.

In der frühen Neuzeit – vom 15. bis zum 17. Jahrhundert – gehörte Rheinsberg den Bredows, einer vielköpfigen, in weiten Teilen der nördlichen Mark Brandenburg und des Havellandes ansässigen Sippe. Die Zeiten waren rauh, und so waren es die Bredows wohl auch. Nicht selten gerieten sie mit den Grafen von Lindow und den Kurfürsten von Brandenburg hart aneinander. Aber vielleicht noch deutlicher als das historisch Greifbare spricht eine Sage, die sich die Leute vom Ursprung der Sippe erzählten: Der Teufel hielt Musterung, steckte eine Menge übeltäterischer Ritter in seinen Sack und flog dann mit ihm fort, hinweg zur Hölle. Unterwegs jedoch streifte er aus Versehen eine Kirchturmspitze, die den Sack aufschlitzte. Reichlich ein Viertel des junkerlichen Inhalts stürzte heraus und entkam. Und eben das waren die Bredows.

Wie dem auch sei, diesen Bredows ist der Schloßbau des Jahres 1566 zu verdanken. Er ersetzte die Burganlage, die durch ein Feuer zerstört worden war, und er ist, trotz einiger Veränderungen zu Beginn des 18. Jahrhunderts, mit seinem Kernbestand in die friderizianische Anlage eingegangen.

Im Jahre 1618 endete der Bredowsche Besitz mit dem Verkauf an Kuno von Lochow. Als 1685 die Lochows ausstarben, zog der Große Kurfürst Schloß und Rittergut als erledigtes Lehen ein und schenkte es dem General du Hamel, der noch im gleichen Jahr an den Geheimen Hofrat Chevenix de Beville verkaufte. Der war ein Hugenotte, und in der Folgezeit sind viele Flüchtlinge aus Frankreich in Rheinsberg und in den Dörfern der Umgebung angesiedelt worden. Der Sohn des Hofrates, Obrist Benjamin Chevenix de Beville, verkaufte das alte markgräfliche Lehen dann im März 1734 an Friedrich Wilhelm I.

Man darf übrigens bezweifeln, ob bei diesem Verkauf alles mit rechten Dingen zugegangen ist, das heißt, ob nicht eine Abart von »freiwilligem Zwang« im Spiel war. Seine Majestät wünschte den Erwerb für den Kronprinzen – und legte die Kaufsumme fest. Was blieb dem Obristen also übrig als einzuwilligen, sofern er sich nicht die allerhöchste Ungnade zuziehen wollte?*

Die Kaufsumme betrug 75 000 Taler, von denen der sparsame König allerdings nur 50 000 beisteuerte. Der Restbetrag sowie alle Kosten für den Um- und Ausbau wurden dem Haushalt des Kronprinzen aufgebürdet, wobei ein wesentlicher Anteil wohl aus der Mitgift der Kronprinzessin Elisabeth Christine stammte. Als Architekten berief Friedrich Wilhelm seinen kurmärkischen Baudirektor Johann Gottfried Kemmeter – und hielt ihn wiederum zu der größtmöglichen Sparsamkeit an. Dem Kronprinzen genügte allerdings bald nicht mehr, was Kemmeter tat, und so berief er seinen eigenen Architekten, Georg Wenzeslaus von Knobelsdorff, der 1737 die Bauleitung und nicht zuletzt die künstlerische Ausgestaltung des Schlosses übernahm.

Zur Ehre des »Soldatenkönigs« sollte vielleicht noch gesagt sein, daß er seine Abneigung gegen das Geldausgeben überall geltend machte, auch gegen sich selbst. Nur das Riesenspielzeug seiner »Langen Kerls« bildete eine Ausnahme. Der einzige Neubau, den er sich zum eigenen Gebrauch gönnte, das Jagdschloß Stern am Rande von Potsdam-Babelsberg, maß im Grundriß gerade neun mal sechzehn Meter und stellte eigentlich ein schlichtes niederländisches Bürgerhaus dar, ganz nach der Art, wie man – für Handwerker – im »holländischen Viertel« von Potsdam baute. Dieses »Schloß« dürfte nicht den zehnten, vielleicht den zwanzigsten Teil der Rheinsberger Aufwendungen gekostet haben.*

Friedrich indessen geriet – wieder einmal – in Verlegenheiten und ins heimliche Schuldenmachen. Ungeniert ging er fremde Höfe um Hilfe an: den österreichischen und den englischen wie seit langem schon und jetzt auch den russischen. Kein Weg war verschlungen genug, um ihn nicht zu gehen. Er führte über den Herzog Biron von Kurland zur Zarin. Biron fungierte formell auch als Geldgeber, und der sächsische Gesandte am Hof von St. Petersburg diente als Mittelsmann. An ihn schrieb Friedrich mit der Liebenswürdigkeit eines künftigen Herrschers: »Der König ist krank. Das können Sie als guten Grund dafür benutzen, daß man mir im kommenden Sommer eine gute Summe vorschießt. Denn ernstlich: Wenn man mich zu Dank verpflichten will, ist Eile geboten.« Auf seine besondere Weise blieb Friedrich jedoch unbestechlich, denn in Wahrheit hat er sich niemals dankbar gezeigt. Die großen Summen, die vor allem der Wiener Hof dem Kronprinzen Jahr um Jahr zusteckte, erwiesen sich als miserable Investition; sie wären besser für Soldaten angelegt worden, um Schlesien vor Friedrich zu schützen.

Der hat sich im übrigen, entgegen allen Erwartungen, bald selbst als ein Geizkragen von Format erwiesen – wie schon wenige Wochen nach der Thronbesteigung ein Beobachter fassungslos feststellte: »Wenn das so weitergeht, so wird der Vater im Vergleich zu dem Sohn bald für einen Verschwender und einen Liebling des Volkes gelten.« Und das, wahrlich, wollte etwas heißen.

Blick in einen der Nebenräume des Marmorsaals

Zurück nach Rheinsberg: Was Kemmeter vorfand, war ein L-förmiger, einstöckiger Bau mit hohem Dach. Die eine, östliche Frontseite wandte sich der Stadt zu, die andere, südliche dem Seeausfluß des Rhin. An diesen Flügel schloß sich nach Westen, zum See hin ein mächtiger Rundturm an, wohl darum der »Klingenberg« genannt, weil ihn einst die Bredows mit etwas in der damaligen Zeit Sensationellem, einer Turmuhr mit Stundenschlag, versehen hatten; später und im Nachhall bis heute ist darum vom Klingenbergflügel die Rede, wenn der südliche Schloßteil gemeint ist. Die Arbeit Kemmeters bestand in der Hauptsache darin, daß er dem alten Bau, von nun an dem Untergeschoß, ein Obergeschoß aufsetzte und den Ostflügel um etwa 25 Meter verlängerte. Damit bereitete er vor, was dann Knobelsdorff ausführte: Dieser Ostteil wurde zum Mittelbau, zum »corps de logis«, dem in der Entsprechung zum Süd- oder Klingenbergflügel ein nördlicher angeschlossen und ebenfalls ein Turm vorgesetzt wurde.

Im Ergebnis ist die typische, symmetrische Barockanlage mit Mittelteil und zwei Seitenflügeln entstanden, die sich über ihren Innenhof hin zum See öffnet. (In gewissem Sinne hatte es den Innenhof zwar schon vorher gegeben. Nach Norden wurde er aber nicht von einem Teil des Schlosses, sondern – gewiß nutzbringend – vom Brauhaus begrenzt.) Knobelsdorff schuf auch die Kolonnade mit ihrer Doppelreihe ionischer Säulen, die die Seitenflügel verbindet. Ob die beiden wegen der Aufstockung des Schlosses ebenfalls noch erhöhten Türme zu der barocken Anlage eigentlich passen, mag man bezweifeln; Fontane sagt, daß sie »mehr eine Eigentümlichkeit als eine Schönheit bilden«. Doch das Eigentümliche erweist sich als wichtig; diese Türme erst geben dem Rheinsberger Schloß seinen besonderen und unverwechselbaren Charakter.

Wenn wir die hier nur knapp skizzierte Baugeschichte überdenken*, wird uns etwas Merkwürdiges bewußt. Zwar

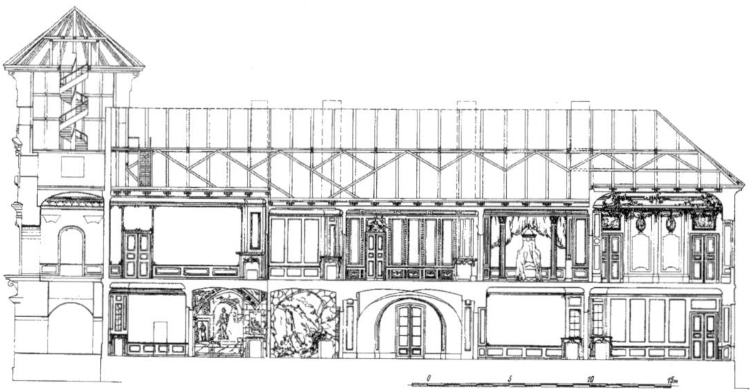

Längsschnitt durch den Klingenbergflügel

hatte Kemmeter seine Arbeiten bis 1736 so weit abgeschlossen, daß der Kronprinz und die Kronprinzessin mit ihrem Gefolge einziehen konnten. Aber ein Jahr später begann ein zweites, nicht weniger wichtiges und umfangreiches Bauen. Die heitere Geselligkeit von Rheinsberg, alle Feste, Konzerte und Friedrichs Studien haben also neben Gruben und Gerüsten stattgefunden, unter all dem Staub und dem Lärm, den Fuhrmänner, Maurer und Zimmerleute nun einmal verursachen. Die Gestaltung der Innenräume brauchte erst recht ihre Zeit. Der Spiegel- oder Konzertsaal zum Beispiel, im neuen Nordflügel gelegen, wurde mit dem beziehungsreichen Deckengemälde von Antoine Pesne erst zum Ende der Kronprinzenzeit fertig. Wenn Friedrich hier überhaupt Konzerte gegeben hat, dann wohl nur bei seinem letzten längeren Aufenthalt im Herbst 1740, als er schon König war.*

Ein dritter, ebenfalls bedeutender Bauabschnitt begann nach dem Siebenjährigen Krieg, in der Zeit des Prinzen Heinrich. Jetzt erst erhielt das Schloß durch die Anfügung der »Pavillons«, der hervortretenden Eckbauten im Süd- und Nordosten, seine endgültige Gestalt, außerdem entstanden hinter dem nördlichen Schloßgraben Kavalierhaus und

Marmor-, Spiegel- oder Konzertsaal mit dem Deckengemälde »Aurora vertreibt die Finsternis« von Antoine Pesne

Theater. Auch in den Innenräumen gab es zahlreiche Umbauten.

Bei der Beschreibung der Innenräume scheint die Weisheit Fontanes angeraten, der nach der Besichtigung schrieb, daß er die Leser nur verwirren müßte, wenn er sie nötigen wollte, seinem Gang zu folgen. Ohnehin darf man die Erwartungen nicht zu hoch schrauben. Es gibt viele kleine und unscheinbare Räume, die ein Interesse auch dann schwerlich verdienen, wenn man sich aus dem heutigen, oft schlechten Zustand in eine frühere Epoche zurückversetzt. Unsere Phantasie strandet fast zwangsläufig in eher dürftigen Hotelzimmern oder im Sanatorium der jüngstvergangenen Zeit, und lebhaft kann man sich die Einrichtung vorstellen, die Fontane in einigen dieser Zimmer antraf:

»In ihnen logieren die Hausministerialbeamten, die hier gelegentlich eintreffen, um nach dem Rechten zu sehen. Es macht einen ganz eigentümlichen Eindruck, wenn man nach

Passierung einer langen Reihe von Zimmern, die nur immer die Vorstellung in uns wachriefen, ›hier muß der oder der gestorben sein‹, plötzlich in ein paar Räume tritt, die liebe Rückerinnerungen an die Tage eigenen Chambregarnielebens in uns wecken. Die kleinen Bettstellen von Birkenmaserholz, die roten Steppdecken von allersimpelstem Kattun, die Waschtoiletten mit dem Klappdeckel und die beinah faltenlosen Zitzgardinen, als habe das Zeug nicht ganz gereicht, alles hat den schlichtbürgerlichsten Charakter von der Welt, und das eitle Herz freut sich der Wahrnehmung, daß man in Schlössern schläft wie anderswo.«*

Es mangelt, mit anderen Worten, eigentlich an großen, repräsentativen Räumen; manch ein Adelshaus mit der Hälfte oder einem Drittel des Rheinsberger Bauvolumens enthielt davon mehr. Aber gerade dieser Mangel macht ein Problem anschaulich: In Rheinsberg sollte Hof gehalten werden, und dazu mußte man einen vielköpfigen »Hofstaat« unterbringen; außerdem mußte man von Zeit zu Zeit mit einem Schwarm von Gästen rechnen. Das »Kavalierhaus« aber, das seinen Namen verdiente und spürbar Entlastung brachte, wurde erst 1774 gebaut.

Sieht man vom großen Konzert- oder Spiegelsaal im Nordflügel ab, so befinden sich die meisten interessanten Räume im Südflügel. In der Reihenfolge von der Stadt- zur Seeseite hin seien für das Untergeschoß das Vogeltapetenzimmer, der Billardsaal und die gewölbte Kammer mit Grottenmalerei, für das Obergeschoß der Marmorsaal, das Schlafzimmer des Prinzen Heinrich, der Rittersaal und das Turmzimmer erwähnt. Natürlich wären auch noch andere Räume zu nennen, etwa der Muschelsaal, aber man sehe selbst. Nur einen Raum wollen wir naher beschreiben, das Turmzimmer, weil hier der Kronprinz studiert und geschrieben hat. Wir geben dabei Fontane das Wort, weil das, was er sah, den ursprünglichen Zustand noch ahnen ließ – Veränderungen freilich eingerechnet, die aus Heinrichs Zeit stammen:

»Dies Arbeitszimmer liegt (von der Seeseite her gesehen) im rechten Flügel des Schlosses, und zwar in dem kleinen Rundturm, der den Flügel nach vorn hin abschließt. Wir passieren abermals eine lange Zimmerreihe, bis wir endlich in ein kleines und halbdunkles Vorgemach treten, das sein Licht nur durch eine Glastür empfängt. Dies halbdunkle Vorgemach enthielt die kleine Bibliothek, die Friedrich der Große bald nach seiner Thronbesteigung nach Potsdam schaffen ließ, das davor liegende Zimmer aber, von dem uns nur noch die Glastür trennt, ist das Arbeitszimmer selbst. Nur sehr klein (höchstens zwölf Fuß im Quadrat*) hat es nach drei Seiten hin eine entzückende Aussicht über Wald und See. Vor einhundertvierzig Jahren muß es auch in seiner Ausstattung einen durchaus heiteren und angenehmen Eindruck gemacht haben. Es ist ein Achteck, das mit drei Seiten in der Mauer steckt, während fünf Seiten frei und losgelöst nach vorn liegen. Das Ganze setzt sich abwechselnd aus Wand- und Glasflächen zusammen: vier Paneelwände, drei Fensternischen und eine Glastür. Die Fensternischen sind sehr tief und boten deshalb Raum zur Aufstellung von Polsterbänken, die sich an beiden Seiten entlangziehen. An den Paneelwänden stehen altmodische Lehnstühle mit versilberten Beinen und schlechten, dunklen Kattunüberzügen. Über den Lehnstühlen aber, in ziemlicher Höhe, sind Konsolen mit den Büsten Ciceros, Voltaires, Diderots und Rousseaus angebracht.* In die Holzbekleidung ist vielfach Spiegelglas eingelassen, während sich zu Häupten der Eingangstür allerlei Zeichen des Freimaurerordens befinden und abermals ein Pesnesches Deckengemälde den Plafond bedeckt. Dasselbe zeigt die Ruhe beim Studieren; ein Genius überreicht der sitzenden Minerva ein Buch, auf dessen Blättern man die Namen Horaz und Voltaire liest. Das Bild hat verhältnismäßig gelitten und kann überhaupt mit der glänzenden Schöpfung desselben Meisters im Konzertsaale nicht verglichen werden. In der Mitte des Zimmers steht auf vergoldeten Rokokofüßen und etwa von

Studierzimmer des Kronprinzen.
Aquarell von A.W. Streikfuß, 19. Jahrhundert

der Größe moderner Damenschreibtische der Arbeitstisch des Prinzen. Seine Schreibplatte liegt schräg und kann aufgeklappt werden. Sie war ehedem mit rotem Samt überzogen, hat aber nicht nur die Farbe, sondern auch den ganzen Samtstoff längst verloren. Der Samt wird bekanntlich auf eine Unterschicht von festem Zeug aufgetragen. Diese Unterschicht war 1853, als ich Rheinsberg zum ersten Male besuchte, noch ziemlich intakt vorhanden. Seitdem aber haben sich die Dinge sehr zum Schlimmeren verändert. Nicht die Hälfte mehr existiert von diesem Unterzeug, und man kann deutlich sehen, wie die Federmesser, je nach Charakteranlage der Besucher, mal größere, mal kleinere Karos herausgeschnitten haben. Ich liebe nicht die Kastellane, die einen durch ihren Diensteifer um die Möglichkeit eines ruhigen Genusses brin-

Parktor der Hauptallee, errichtet 1741.
Plastische Arbeiten von F. C. Glume

gen, aber ebensowenig mag ich jenen das Wort zu reden, die voll mißverstandener Nachsicht ein Auge da zudrücken, wo sie es aufmachen sollten.«*

Fontanes Ärger ist verständlich, aber was sollen wir dann erst sagen? Und doch weht unversehens noch heute, fast wie ein Frösteln oder ein Schauer, Geschichte uns an: Hier also hat Friedrich im Eifer des Studierens seine Zukunft erträumt, hier sein Königtum, seine Laufbahn vorbereitet, die ihn bis zum Weltenruhm, vor Abgründe und in die Einsamkeit des verlorenen Lebensglücks, am Ende in eine Menschenverachtung führen sollte, der bloß noch die Hunde blieben.

In der Blickführung des Schlosses steht auf einem Hügel am anderen Seeufer der Obelisk, von dem später noch die Rede sein wird. Wegen des Sees mußte die Achse des Parks in ihrer Richtung gedreht werden. Sie führt von der Mitte des südlichen Seitenflügels über den Rhin hinweg etwas ansteigend auf einer Allee bis zum jenseitigen Eingangstor, hinter dem sich einst als Blickpunkt wiederum ein Obelisk erhob. Parallel zum Südufer des Grinericksees wird diese Längsachse von einer Querachse gekreuzt. Allerdings eingedenk der Warnung Fontanes bei der Schloßbesichtigung, den Leser nicht zu verwirren, wollen wir uns auch hier nicht in Details verlieren*, sondern nur dreierlei hervorheben.

Zunächst: Eine Parkanlage läßt sich nicht über Nacht aus dem Boden stampfen; sie braucht ihre Zeit. Den Anfang hat für Friedrich schon Knobelsdorff gemacht. Danach gab es einen schleppenden Fortgang oder sogar Unterbrechungen, bis die Arbeiten in der Zeit des Prinzen Heinrich wieder aufgenommen wurden. Sie sind dann bis zum Tode des Prinzen im Jahre 1802 ständig weitergeführt worden, sogar im Siebenjährigen Krieg. Dieser Zeitablauf bedingte zugleich, daß man verschiedene Epochen durchschritt und daß Wandlungen des Geschmacks, des Stilgefühls sich handgreiflich bemerkbar machten. Wenn zunächst, im Zeichen des Rokoko, die »französische« Auffassung herrschte, die die Natur in ihre spielerischen Kunstformen zwingen wollte, dann näherte man sich in der späteren Zeit mehr und mehr den »englischen« Idealen einer »natürlichen« Gestaltung. Der Schloßpark von Rheinsberg stellt sich also keineswegs als stilreine Anlage dar, aber es ist eine reizvolle Mischform entstanden. Der Besucher durchwandert zunächst vom Schloß aus entlang der Hauptallee gewissermaßen die eine und dann auf seinem weiteren Weg oder am Seeufer entlang die andere Epoche.

Zweitens: Prinz Heinrich war unermüdlich damit beschäftigt, den Park mit einer Vielzahl, um nicht zu sagen einer Unzahl von Figuren, Grotten, Pyramiden, Pavillons, Tempeln, künstlichen Ruinen zu füllen. Das meiste ist inzwischen verschwunden gottlob, möchte man beinahe meinen. Wie groß die Begeisterung einst aber war, zeigt ein Bericht Guyton Morveus, der bei dem Prinzen als Vorleser diente, aus dem Jahre 1784:

Musizierende Gesellschaft im Park.
Zeichnung von G.W. von Knobelsdorff, 1737/40

»Die Gartenanlagen vereinigen alles, was sie zu einem entzückenden Aufenthalt machen kann. Der im englischen Stil gehaltene Teil derselben entlockt dem, der sie durchwandert, bei jedem Schritt von neuem Bewunderung und Staunen; die Treibhäuser und Orangerien, die sie enthalten, die Blumenpartien, die sie schmücken, die Bowlinggreens, von welchen sie durchzogen sind, die verschiedenen Pavillons, die unser Auge über ihre Ausdehnung täuschen sollen, alles offenbart und verkündet die Größe des Genies, welches sie erdachte und ins Dasein rief.

Die ungeheuer ausgedehnten köstlichen Parkanlagen, in welche das Ganze sich verläuft, fesseln nicht weniger unser Interesse durch die Majestät des Baumwuchses, der sie überschattet, als durch die Schönheit ihrer Perspektiven, die Regelmäßigkeiten, in der die zahlreichen, sich fast ins

Unendliche verlierenden Avenüen angelegt sind, und durch all die malerischen Plätze, aus denen die Kunst mit Hilfe ihrer glücklichen Gedanken alles nur Mögliche geschaffen hat ...

Bald ist es ein ländliches Gehöft, bald ein antiker Tempel, dann wieder das Grab des Vergil, dessen entzückende Lage, indem sie sozusagen das Ganze der Natur offenbart, uns mit dem Geist seiner herrlichen Gesänge gleichsam inspiriert. Grotten, Ruinen, kunstvoll angelegte Wiesengründe, Eremitagen im ländlichen Geschmack, Kolonnaden, Felsen, Obelisken, Quellen und Fontainen, Sonnendächer, Rasenflächen, sich schlängelnde Pfade, Wohlgeruch aushauchende Sträucher, Lauben ohne Zahl, Bosketts, in die kaum Tageslicht dringt, wilde Partien neben lachenden Gründen, als hätte es im Plane gelegen, das Schaurige dem Heiteren gegenüberzustellen, Wasserbecken, Ankerplätze mit Schiffen und Gondeln bedeckt ...«*

Und so fort; es scheint des Rühmens kein Ende. Wer jedoch mit Bosheit begabt ist, könnte auf den Gedanken verfallen, daß hier ein Disneyland des 18. Jahrhunderts geschildert wird.

Schließlich sei noch auf ein Ausflugsziel hingewiesen, das sich vom Schloß oder vom Park her zunächst nicht erkennen läßt: die Remusinsel im Rheinsberger See. Prinz Heinrich hat sich oft mit der Hofgesellschaft und mit Gästen hierherrudern lassen, um in heiterer Runde einen Sommertag oder -abend zu verbringen. Denn wie der Intendant Hennert mit Recht sagt, »hat diese Insel eine so angenehme Lage, daß sie verdient hat zum Vergnügen genutzt und bequem gemacht zu werden. In dieser Absicht wurde 1771 ein Haus in chinesischem Geschmack auf der Spitze des Berges dieser Insel von zwey Stockwerk erbauet und das oberste Stockwerk wurde mit einer bedeckten Gallerie von chinesischem Gitterwerk umgeben, im untern aber verschiedene Kammern und ein großer Saal angelegt. In den folgenden

Apollstatue im Hauptparterre.
Aus dem Zyklus »Apoll und die vier Elemente« von G.A. Cybei, 1766

Jahren wurde diese Insel mit besonderem Fleiße bearbeitet, und durch verschiedene Pflanzungen und Anlagen ungemein verschönert.«*

Von alledem war freilich schon 1872 nichts mehr zu sehen, als Andrew Hamilton die Insel besuchte. Aber nicht aufs Sichtbare kommt es an, sondern auf das Unsichtbare – wie wir aus einem Briefwechsel zwischen dem Kronprinzen Friedrich und Voltaire über die altrömische Geschichte erfahren. Als Voltaire diese Geschichte »chimärisch« nannte, fragte Friedrich, ob man das wirklich von Begebenheiten sagen dürfe, »für die wir das Zeugnis so vieler Schriftsteller, ehrwürdiger Denkmäler sowie einer Masse von Münzen besitzen«.

»Das ist alles gut, Sire«, antwortete Voltaire im März 1737, »aber wie denken Eure Königliche Hoheit über Romulus und Remus, als Söhne des Mars? Die Wölfin? Das Menschenhaupt, welches das Kapitol baute? Die Götter Laviniums, die zu Fuß von Alba zurückkamen? Die Vestalin, die mit ihrem Gürtel ein Schiff zieht?«

»Monsieur«, schrieb daraufhin Friedrich, »was die ersten Zeiten der römischen Geschichte betrifft, so habe ich mich veranlaßt gesehen, für ihre Wahrheit einzutreten, und zwar aus einem Grunde, der Sie in Verwunderung setzen wird ... Vor einigen Jahren fand man in einer vatikanischen Handschrift Romulus' und Remus' Geschichte auf eine ganz andere als die uns bekannte Art erzählt. Die Handschrift gibt an, daß Remus vor den Verfolgungen seines Bruders floh und, um sich dessen eifersüchtiger Wut zu entziehen, in das nördliche Deutschland flüchtete, daß er hier in der Nähe eines großen Sees eine Stadt gründete, der er seinen Namen gab, und daß er nach seinem Tode auf einer Insel begraben wurde, welche mitten im See ein Art Berg bildete. – Vor vier Jahren kamen, vom Papst gesandt, zwei Mönche hierher, um nach dem Ort zu forschen, welchen Remus nach diesem Bericht gegründet haben soll. Sie kamen zu der Überzeugung, daß es Remusberg sein müsse.« Friedrich führt dann die Beweise an, die gefunden wurden, und schließt seinen Brief in der Hoffnung, »daß Ihnen diese Mitteilungen willkommen sein werden und daß Sie in Betracht derselben das Interesse entschuldigen, das ich für alles hege, was die Geschichte des einen der Gründer Roms angeht, dessen Grab ich hier zu besitzen glaube. Man wirft mir ja sonst nicht allzuviel Leichtgläubigkeit vor.«

Fortan datierte Friedrich seine Briefe nicht mehr aus Rheinsberg, sondern aus »Remusberg«, und man darf annehmen, daß sie von Voltaire mit einem Lächeln empfangen wurden, das unter Wissenden Einverständnis begründet.

Die vier glücklichen Jahre

Im Frühjahr 1736 zog Kronprinz Friedrich in Rheinsberg ein; im August folgte die Kronprinzessin Elisabeth Christine, geborene Prinzessin von Braunschweig-Bevern, mit ihren Hofdamen. Am 31. Mai 1740 starb Friedrich Wilhelm I., und Friedrich II., König in Preußen*, verließ Rheinsberg. Nur im Herbst dieses Jahres kehrte er noch einmal für mehrere Wochen zurück*, wohl um die Welt mit einem Schauspiel friedvollen Wohllebens zu täuschen, bevor er – am 16. Dezember – an der Spitze seiner Armee mit klingendem Spiel die Grenze nach Schlesien und zum Krieg überschritt.

Vier Jahre also – oder genau genommen kaum vier Jahre. Denn der Dienst eines Regimentskommandeurs in Neuruppin forderte ebenso seinen Tribut, wie der gestrenge Herr Vater Besuche samt Gottesdienst und Abendmahl oder zur Truppenschau. Um seine Idylle nicht zu gefährden, mußte Friedrich sich fügen, sei es mit Seufzen. »Wir sitzen wieder bis über die Ohren in Paraden und vergeuden die kostbare, unwiederbringliche Zeit mit lauter Nichtigkeiten«, schrieb er seinem Freund und ehemaligen Erzieher Duhan im Juni 1737 aus Berlin. Noch lästiger waren solche Paraden natürlich, wenn sie fernab in Ostpreußen stattfanden. Im Winter dagegen mußte das Kronprinzenpaar sich für einige Wochen in Berlin einfinden, um die höfische Ballsaison mit seiner Anwesenheit zu beehren.

Aber trotz aller Beschränkungen handelte es sich um vier glückliche Jahre. So jedenfalls hat Friedrich sie im Rückblick gesehen: »Das Unglück hat mich immer verfolgt. Ich bin nur in Rheinsberg glücklich gewesen.« Und schon früh, in einem Brief an den General und leitenden Minister Friedrich Wilhelm von Grumbkow vom März 1737, taucht ein Begriff auf,

Porträt des Kronprinzen Friedrich.
Gemälde von G.W. von Knobelsdorff, um 1739.
Es hängt heute im »Amalienzimmer« im Nordflügel des Schlosses.

der später durch den Schloßbau von Potsdam berühmt werden sollte: »Ich reise ab, um nach Rheinsberg zurückzukehren; das ist mein Sanssouci.«

Glücklich in einem anderen Sinne verlief der erste Besuch, zu dem Friedrich den Vater nach Rheinsberg bat, kaum daß er selbst sich halbwegs eingerichtet hatte. Entgegen seinen eigenen Neigungen stimmte er alles auf die Vorlieben des Königs ab: Hetzjagd am ersten, ein Fischzug am zweiten und Taubenschießen am dritten Tag. Alles verlief nach Wunsch. »Wenigstens scheint es zweifellos, daß Pöllnitz* einen dieser Tage, wahrscheinlich war es der letzte dieses Besuches, im Sinne hat, wenn er uns erzählt, daß ›eines Tages, im Sommer 1736, als der König beim Kronprinzen zu Mittag speiste und in vortrefflicher Laune zu sein schien, Grumbkow die Gelegenheit benutzte, sich bei letzterem, mit welchem er nicht gerade auf dem besten Fuße stand, in Gunst zu setzen. So begann er denn das glänzende Diner zu loben, das der Kronprinz dem König vorgesetzt habe, und fügte scherzend hinzu, solche Bankette werde er wohl nicht oft veranstalten können, sonst müßten seine Finanzen darunter leiden. Da fragte der König seinen Sohn, ob er Schulden habe und wie hoch sie sich beliefen. Der Kronprinz getraute sich nicht, eine höhere Summe zu nennen als 40 000 Taler, worauf der König sagte, er werde sie ihm bezahlen. Darauf fragte Grumbkow, ob dies denn so zu verstehen sei, daß die jährlichen Einkünfte des Kronprinzen um die genannte Summe erhöht werden sollten. Friedrich Wilhelm tat indessen, als habe er nichts gehört, schickte aber am anderen Tag seinem Sohn die 40 000 Taler.‹«*

Die ungewohnte Großzügigkeit, wie zuvor schon der Ankauf von Rheinsberg, entsprang freilich nicht bloß der Vaterliebe, sondern dem Wunsch, daß das Kronprinzenpaar eine ordentliche Ehe führen sollte, um Enkelkinder und unter ihnen den Thronerben zu zeugen. Dies führt uns vor die Frage, wie es um die Ehe bestellt war, die Friedrich und Elisabeth

Christine in Rheinsberg geführt haben. War sie, um hier vom Glück nicht zu reden, normal in dem Sinne, daß sie mehr oder minder regelmäßig vollzogen wurde? Die Antwort muß lauten: Wir wissen es nicht.

Denn was besagt es schon, daß diese Ehe sich nach außen hin untadelig darstellte, daß also Elisabeth Christine am geselligen Leben in Rheinsberg teilnahm, ohne daß ein Mißklang hörbar wurde? Solch ein Zusammenleben war ja vom König gefordert, der seine Spione hatte. Oder was bedeutet es andererseits, daß es getrennte Schlafzimmer gab? Das war so üblich und jedenfalls an Fürstenhöfen aus vielen Gründen die Regel statt die Ausnahme; ein Hinderungsgrund war es gewiß nicht. Und leider können wir uns auch auf das nicht verlassen, was Friedrich – mit einem zynischen Beiklang – an Grumbkow schrieb: »Ich bin Ihnen sehr verbunden für die Wünsche, die Sie mir für meine Fortpflanzung aussprechen, und wenn ich dieselbe Bestimmung habe wie die Hirsche, die gegenwärtig in der Brunstzeit sind, so könnte jetzt in neun Monaten geschehen, was Sie wünschen.« Friedrich wußte, daß Grumbkow ein Zuträger war, der die angedeutete Hoffnung sogleich dem König zuflüstern würde; dieser Königssohn war von seiner Kindheit an unerbittlich dazu erzogen worden, sich zu verstellen und abgefeimt diplomatisch jede Geste, jedes Wort auf seine Wirkung zu berechnen.

Was wir kennen, ist die Vor- und Nachgeschichte seiner Ehe. So sehr er nur konnte, hat Friedrich sich gegen die Zumutung gesträubt, sie einzugehen. Zwar schrieb er dem König: »Und ist es mir lieb, daß mein allergnädigster Vater von der Prinzessin zufrieden ist. Sie mag sein wie sie will, so werde jederzeit meines allergnädigsten Vaters Befehle nachleben; und mir nichts Lieberes geschehen kann, als wenn ich Gelegenheit habe, meinem allergnädigsten Vater meinen blinden Gehorsam zu bezeigen.« Darin allerdings steckte ein wahres Motiv; der Nachweis seines Gehorsams und die Eheschließung bilden die Bedingung, den Preis dafür, daß Friedrich dem Bann einer immer noch halben Gefangenschaft in Küstrin entkommen und ein Stück Freiheit gewinnen konnte.

Aber in Briefen an Grumbkow klang es ganz anders: »Was die Prinzessin von Bevern betrifft, so kann man auf eins rechnen: Wenn ich gezwungen werde, sie zu heiraten, werde ich sie verstoßen, sobald ich der Herr bin ... Ich will keine Gans zur Frau haben.« Oder, eindringlicher und verzweifelter: »Ich bin mein ganzes Leben lang unglücklich gewesen. Doch komme, was da will. Ich habe mir nichts vorzuwerfen, und ich habe genug ausgestanden für ein Verbrechen, das nichts als eine Verirrung war, und ich will mich nicht verpflichten, mein Leid bis in alle Ewigkeit auszudehnen. Ich habe noch Mittel, und ein Pistolenschuß kann mich befreien von meinem Leid und meinem Leben.« Und dann wieder, im Wechsel der Tonart: Die größte Hure von Berlin sei ihm lieber – oder »Fräulein Jette ohne Geld und Gut«. Das war Grumbkows Tochter; durch Taktgefühl hat Friedrich sich nur selten hervorgetan. Grumbkow sollte helfen, die Ehe abzuwenden. Dem aber winkten aus Wien 40 000 Gulden, wenn er sie zustande brachte; Elisabeth Christine war nämlich eine Verwandte des Erzhauses, eine Nichte der Kaiserin, die einzige protestantische, die sich finden ließ. So wurde denn am 12. Juni 1733 glücklich – oder unglücklich – die Hochzeit vollzogen.

»Ich werde sie verstoßen, sobald ich der Herr bin«: Diese Ankündigung hat Friedrich wahr gemacht. Die Haushalte wurden strikt geschieden, und bei genügender Ausstattung sah Elisabeth Christine sich auf ihr eigenes, ereignisloses Hofleben in Niederschönhausen verwiesen. Ihren Gemahl hat sie fortan nur noch selten zu sehen bekommen. »Madame sind korpulenter geworden«, waren die einzigen Worte, die der König nach seiner Rückkehr aus dem Siebenjährigen Krieg an sie richtete.

In dieser rundum finsteren Ehegeschichte gibt es im Grunde nur eine Person, die unser Mitgefühl verdient: Elisabeth

Christine. Stets bewahrte sie ihrem Gatten die Achtung, nie machte sie durch Skandale von sich reden. Von den Geldern, die ihr zustanden, widmete sie einen großen Teil der Armenpflege. Zurückgezogen lebte sie bis 1797, und als sie starb, zog sie eine beinahe zufriedene Bilanz: »Gott hat mich gnädig bewahrt, daß ich mir keine Handlung vorzuwerfen habe, durch die irgendein Mensch mit meinem Wissen an seinem Glück gelitten hätte.«

Trotz allem, was wir nun wissen und nicht wissen, war es durchaus bedeutsam, daß die Kronprinzessin und ihre Hofdamen am Leben in Rheinsberg teilnahmen. In der Anwesenheit der Frauen mußten gewisse Formen gewahrt bleiben. Niemand durfte sich so gehen lassen, wie das im reinen Männerkreis möglich gewesen wäre und früher oder später fast immer der Fall zu sein pflegt. Man vergleiche mit den Jahren zuvor, zwischen 1732 und 1736 in Neuruppin. Zu dem Junggesellendasein, dem Umgang eines jungen Regimentskommandeurs mit jungen Offizieren, heißt es zart andeutend bei Fontane: »Das Leben, das er mit diesen Offizieren führte, war frei von allen Fesseln der Etikette, ja ein Übermut griff Platz, der unseren heutigen Vorstellungen von Anstand und guter Sitte kaum noch entsprechen dürfte. Fenster einwerfen, Liebeshändel und Schwärmer abbrennen zur Ängstigung von Frauen und Landpastoren, zählte zu den beliebtesten Unterhaltungsmitteln. Man war noch so unphilosophisch wie möglich.« Aber auch in der späteren Zeit, auf einem ganz anderen und »philosophischen« Niveau, blieb fast immer etwas Problematisches; von den berühmten Tischgesprächen in Sanssouci hat Voltaire im Glanz seiner Bosheit gesagt, daß ein plötzlich hinzutretender Beobachter gewiß geglaubt hätte, die sieben Weisen Griechenlands unterhielten sich im Bordell. Einzig in Rheinsberg hat Friedrich sich dem zivilisierenden Einfluß der Frauen aussetzen müssen.

In Friedrichs Jugendgeschichte spielte seine Eheschließung allerdings nur eine Nebenrolle. Wenn man das Glück von

Elisabeth Christine von Braunschweig-Bevern.
Gemälde von A. Pesne von 1739

Rheinsberg verstehen will, muß man sich diese Jugendgeschichte vor Augen führen, und sie läßt sich kaum düster genug ausmalen. Zwang, Verbote überall, Frontalangriff auf die Neigungen des Heranwachsenden, Beschimpfungen und Prügel, anbefohlene, als demütige Unterwerfung und bedingungsloser Gehorsam eingeforderte Liebe, die Demütigung überhaupt, bis zum Stiefelküssen, und je weiter in der Entwicklung voran, desto schlimmer: Dies ungefähr sind die Stichworte der alles entscheidenden Beziehung zum Vater. Und dann der Hohn noch dazu; man bedenke, was darin liegt, wenn ein Sohn zu hören bekommt:

»Wenn mich mein Vater so behandelt hätte, so hätte ich mich längst umgebracht. Aber du hast keinen Mut und bist ein bloßer Schurke.« Unaufhaltsam trieb die Beziehung ihrer Katastrophe entgegen, hin zu Friedrichs mißlungenem Fluchtversuch, zum Gefängnis und zum Prozeß in Küstrin, zur Enthauptung des Fluchthelfers und Freundes Katte vor den Augen des Achtzehnjährigen.

Der Vater mag uns, aus gesichertem Abstand, als ein Tyrann und als Wüterich erscheinen. Das war er auch, aber nicht nur. Er war zuerst und vor allem der König von Preußen, der mit unsäglicher Mühe und Arbeit, mit seiner »Revolution von oben« einen mächtigen, modernen, leistungstüchtigen Staat zu schaffen versuchte. Falls jedoch der Thronerbe das Werk nicht weiterführte, wäre alles umsonst gewesen, die eigene Lebensleistung für nichts erbracht, im Rückblick womöglich dem Gelächter, dem Spott preisgegeben. Oder kehrte in Friedrichs unmännlichen Neigungen zum Luxus, zur Musik, zur Literatur und zu allem Französischen etwa dessen Großvater – Friedrich! – zurück, der mit seinem Hang zu Prachtentfaltung und Wohlleben das armselige Preußen an den Rand des Ruins gebracht hatte?

Wahrscheinlich müßte man das Verhältnis zwischen dem Vater und dem Sohn als eine doppelte Angstbeziehung verstehen: Friedrich durchlitt die Angst des Ohnmächtigen und

Friedrich Wilhelm von Preußen. Porträt von G.W. von Knobelsdorff

Ausgelieferten vor dem allmächtigen Vater, aber Friedrich Wilhelm vorweg und zugleich die Angst vor dem Sohn, daß er das preußische Lebenswerk zerstöre. Die Angst konnte sich erst lindern – wenn schon nicht auflösen –, als Friedrich sich wirklich unterwarf und das Preußische, Soldatische als seine Bestimmung annahm – und als der König angesichts des ehrgeizig seine Soldaten exerzierenden Friedrich erkannte, anerkannte: »Es steckt ein Friedrich Wilhelm in Dir.«

Vor solchem Hintergrund gewinnt das Glück von Rheinsberg seine Konturen. Erstmals konnte Friedrich einen Freundeskreis um sich versammeln, der ihm angemessen war. Hier endlich wurde es möglich, gesellig und heiter miteinander umzugehen, ohne sich verstellen zu müssen; hier konnte man Feste feiern, Theater spielen, der Phantasie freien Lauf lassen und nach Herzenslust disputieren, bis sich aus dem Gespräch eine Kunstform eigener Art entwickelte. Nie gelang das später ganz ohne Mißklang, niemals wieder wie in Rheinsberg, nicht einmal in Sanssouci. Denn dort mußten die Gesprächspartner stets den König respektieren und sein Machtwort fürchten, wie liebenswürdig immer er sich geben mochte. Hier aber war die Macht noch das verabscheute, gottlob entfernte Gegenüber, an dem man sich im Witz, in der Kritik und »philosophisch« erprobte.

Drei wichtige Mitglieder des Rheinsberger Freundeskreises seien kurz genannt. Dietrich Freiherr von Keyserlingk, 1698 in Kurland geboren, in vielen Sprachen zu Hause, lebhaft und lebenslustig, von Einfällen sprudelnd und sprühend im Witz, stand Friedrich besonders nahe. – Ernster, aber hochgebildet war Heinrich August de la Motte Fouqué, Hugenotte, also ein Sohn protestantischer Glaubensflüchtlinge aus Frankreich, Offizier und später General. Er fungierte als Großmeister des Bayardordens, einer Art Gralsrunde edler Ritter, den die Freunde in Rheinsberg gründeten, unter dem Wahlspruch »Sans peur et sans reproche«, »Ohne Furcht und Tadel«. – Charles Etienne Jordan, 1700 geboren und ebenfalls

Hugenotte, wurde bekannt, als er nach einer Reise durch Frankreich, England und Holland seine »Voyage littéraire« herausgab. Er diente als Vorleser, und auch er stand Friedrich sehr nahe.

Es fällt auf, daß der Freundeskreis durchweg aus Männern nichtpreußischer Herkunft bestand. Aber vielleicht spiegelt sich gerade darin etwas spezifisch Preußisches – keineswegs nur zu Friedrichs Zeiten –: die Bereitschaft, Menschen aus der Fremde willig aufzunehmen.

Neben dem Gespräch spielte die Musik eine herausragende Rolle. Friedrich stellte ein kleines Orchester zusammen, dessen wichtigste Mitglieder die Brüder Graun und Franz Benda waren. Ein Franzose aus dem Freundeskreis, Chasot, begleitete Friedrich virtuos auf der Flöte, und Keyserlingk spielte Viola da Gamba oder Querflöte. Wenn es bei größeren Aufführungen dennoch an Musikern mangelte, dann verstärkte man sich aus der Dienerschaft. Das war möglich, so seltsam es sich anhört, die rechte Auswahl vorausgesetzt; schon seinen geliebten Kammerdiener Michael Gabriel Fredersdorf hatte Friedrich als Oboisten der Küstriner Regimentskapelle kennengelernt.

Schließlich, aber nicht zuletzt holte Friedrich die Bildung nach, die der Vater ihm verwehrt hatte, so gut oder vielmehr so schlimm er nur konnte. Um den Sachverhalt anschaulich zu machen, sei eine Geschichte eingefügt, die Friedrich viel später, im Siebenjährigen Krieg, seinem Vorleser de Catt erzählt hat:

»Ich war ein Kind und lernte ein wenig Latein; ich deklinierte mit meinem Lehrer ...; als plötzlich mein Vater ins Zimmer trat. ›Was machst du da?‹ ›Papa, ich dekliniere ...‹, sagte ich in kindlichem Ton, der ihn hätte rühren müssen. ›O du Schurke, Latein für meinen Sohn! Geh mir aus den Augen!‹, und er verabreichte meinem Lehrer eine Tracht Prügel und Fußtritte und beförderte ihn auf diese grausame Weise ins Nebenzimmer. Erschreckt durch diese Schläge und durch das wütende Aussehen meines Vaters verbarg ich mich, starr vor Furcht, unter dem Tisch, wo ich in Sicherheit zu sein glaubte. Ich sehe meinen Vater nach vollbrachter Hinausbeförderung auf mich zukommen – ich zittere noch mehr; er packt mich bei den Haaren, zieht mich unter dem Tisch hervor, schleppt mich so in die Mitte des Zimmers und versetzt mir endlich ein paar Ohrfeigen.«*

Friedrich war längst der berühmte, von der Welt als »der Große« gefeierte Feldherr, als er dies erzählte, aber man spürt das Nachbeben der erlittenen Angst. In Rheinsberg verwandelte sich diese Angst in das Glück, nicht nach Vorschrift, sondern nach der eigenen Wahl zu studieren. Eine Art von Bildungsfieber ergriff den Studenten; Muße sprang um in den Mangel an Zeit: Was war nicht alles versäumt worden, wie viel galt es als Lektüre jetzt nachzuholen! Um die Zeit zurückzugewinnen, versuchte Friedrich sogar, sich den Schlaf abzugewöhnen, was nach vier Tagen der Körper mit Koliken und Magenkrämpfen quittierte.

»Friderico tranquillitatem colenti«, »Dem ruhepflegenden Friedrich« oder, anspruchsvoller übersetzt, »Friedrich zu eigen, der hier die Muße pflegt«, hatte der Hausherr von Rheinsberg über das Schloßportal schreiben lassen. Doch es war eine Muße der besonderen, tätigen Art, aus der nach klassischem Verständnis alle Kultur entspringt. Auch das Gespräch im Freundeskreis sollte nützlich sein und dazu beitragen, das Gelesene zu durchdenken und zu erproben – nach berühmtem Vorbild: Von einer »République de Platon« war die Rede.

Noch ein Gespräch begann in Rheinsberg: der Briefwechsel mit Voltaire. Und ein Wettstreit des Schmeichelns entbrannte, in den immer neue Superlative geworfen wurden wie Regimenter in die Schlacht. Voltaire war für Friedrich nicht nur der Größte unter den Lebenden, sondern unter allen Menschen, die je gelebt hatten, Sokrates, Platon, Aristoteles, Cicero, Horaz, Augustus, Vergil in einer Person. Oder überhaupt ein göttliches Wesen: Jupiter, Apoll. Voltaire stand nicht zurück: Friedrich war Cäsar, Mark Aurel, ein »Salomo des Nordens« – und dies, wohlgemerkt, bevor der Gefeierte eine einzige Tat von Bedeutung vollbracht hatte. Dabei mangelte es keinem der Schmeichler an Hintergedanken. Voltaire entdeckte eine vielleicht unerschöpfliche Geldquelle, einen Beschützer vor Verfolgungen und den künftigen Herrscher, der seine Ideen zur Aufklärung in die Wirklichkeit überführen sollte.

Friedrich suchte schon den europäischen Herold, den Künder seines Ruhms, dem er absichtsvoll seine politische Streit- und Bekenntnisschrift, den »Antimachiavell«, zur sprachlichen Vollendung und zur Herausgabe anvertraute.* Ohnehin brauchte er dringend einen Lehrer poetischer Sprache, denn er wollte auch als der Dichter glänzen, der er nicht war.

Voltaire bemühte sich nach Kräften; er wies darauf hin, daß man »opinion« ohne g schreibt und daß sich »tête« nicht auf »trompette« reimt. Doch was sollte er tun bei diesem jungen Mann, der ganz Wille und ganz Verstand war, dem zwar die Gedanken und die mythologischen Bilder zuflogen, dem aber das Wichtigste, die Sinnenkraft des Poetischen, fehlte?

Gleichwohl hat dieser Briefwechsel alle Umstände einer schwierigen Beziehung überdauert, sogar das Zerwürfnis der Nähe. Er endete erst 1778 mit dem Tode Voltaires. Und in seiner Gedenkrede auf den Verstorbenen ist Friedrich zum Rheinsberger Auftakt zurückgekehrt: »Göttlicher Voltaire, bitte für uns!«

Am Ende stellt sich die Frage, ob Friedrich das Glück von Rheinsberg nicht erst im Rückblick, sondern in dem Sinne empfunden hat, daß er es festhalten wollte. »Verweile doch, du bist so schön«: Hätte das sich dem »Friderico tranquillitatem colenti« als Motto hinzufügen lassen? Nüchtern betrachtet läuft diese Frage auf die andere hinaus: Wünschte er dem Vater eine lange Lebens- und Regierungszeit?

Man möchte es beinahe meinen. Als Friedrich Wilhelm gefährlich erkrankte und dem Tode schon nahe schien, bekannte der untröstliche Sohn dem österreichischen Gesandten Seckendorff unter reichlichem Tränenlauf: »Ich würde meinen Arm hingeben, um sein Leben noch um zwanzig Jahre zu verlängern.« Aber Friedrich war längst ein Verstellungskünstler, und in Wahrheit fieberte er dem Tag entgegen, da er der Herr sein würde. Er haßte es – und man kann das verstehen – Briefe wie diesen nach Potsdam zu schreiben:

»Ich habe meines allergnädigsten Vaters gnädiges Schreiben in aller Untertänigkeit empfangen und kann ich nicht meinem allergnädigsten Vater genugsam danken für die Gnade, so Er gehabt hat, uns Fasanen zu schicken. Ich kann meinem allergnädigsten Vater versichern, daß wir sie unser Tage nicht anders essen, als uns dabei erinnernd der untertänigsten Dankbarkeit, so wir Ihm dafür schuldig sind.« Eine Abart von Stiefelküssen bloß für Fasanen!

Als der König seine Erkrankung überstand und wider Erwarten gesundete, schrieb Friedrich bitter an die Schwester Wilhelmine: »Der liebe Gott muß wohl sehr gute Gründe haben, daß er ihm das Leben wiedergibt ... Allerseits von der Welt angewidert, überlasse ich mich ganz der stillen Betrachtung. Sie zeigt mir mehr und mehr, das es hienieden kein dauerndes Glück gibt.«

In der Tiefe allerdings ging es wohl um etwas noch Stärkeres als um das persönliche Verhältnis und Mißverhältnis zum Vater. Es ging um den brennenden Ehrgeiz, um das Rendezvous mit dem Ruhm – wie dann Fridericus Rex, der König und Herr, in einem Brief aus dem Feldlager seinem Freunde Jordan bekannt hat: »Meine Jugend, die Glut der Leidenschaft, der Ruhmesdurst, ja selbst die Neugier, um Dir nichts zu verhehlen, kurz ein geheimer Instinkt hat mich den Freuden der Ruhe entrissen. Die Genugtuung, meinen Namen in den Zeitungen und später in der Geschichte zu sehen, hat mich verführt.«

Was wogen also die Freuden der Ruhe, was zählte noch Rheinsberg? Es ist kaum ein Zufall, daß Friedrich außer zu einem ganz kurzen Besuch nie mehr zurückgekehrt ist. Er selbst hat, als der Tag der Thronbesteigung gekommen war, sein hartes, das Gefäß des Glücks in Scherben schlagendes Schlußwort gesprochen: »Die Possen haben ein Ende.«

Ja, die Wahl war getroffen. Friedrich ist der Große geworden, und er hat sein Leben für die Pflichterfüllung, für den Dienst am Staat eingesetzt. Daß dafür ein Opfer zu bringen war, das Opfer des Glücks, daß mit dem Weg zum Ruhm auch der zur Vereinsamung, Herzensversteinerung, Menschenverachtung begann: Was wog das schon für die Ruhmredner? Generationen sind später emsig gewesen, dieses Opfer des Glücks für den Dienst und die Pflicht zu verherrlichen, als sei es das Vorbild, dem wir nachstreben müßten, um als Preußen und Deutsche bestehen zu können.

Aber ist es von daher vielleicht zu erklären, daß Rheinsberg uns noch immer beschäftigt und fasziniert? Sei es auch nur für kurze vier Jahre: Hier, so scheint es, hat es doch einmal eine andere Möglichkeit gegeben, die das Nachdenken lohnt, einen preußischen Traum vom Glück.

Prinz Heinrich – Ein preußisches Porträt

Sophie Dorothea, die stolze Welfin aus dem Hause Hannover, gebar ihrem Gemahl, Friedrich Wilhelm I., vierzehn Kinder. Sechs von ihnen starben bei der Geburt oder bald danach, acht – vier Söhne und vier Töchter – überlebten. Auf Friedrich folgten in der Bruderreihe der Überlebenden August Wilhelm, dann Heinrich, schließlich Ferdinand.

Es lohnt sich, für einen Augenblick bei dieser Bruderreihe zu verweilen und ein wenig Phantasie dem zu widmen, was wir je nach Neigung Zufall, Fügung oder Schicksal nennen mögen. Friedrich war keineswegs der Erstgeborene, vielmehr der Erstüberlebende; zu den Geschwistern, die schon nach wenigen Tagen starben, gehörten zwei ältere Brüder. Hätte einer von ihnen sich als lebenskräftig erwiesen, so wäre Friedrich kein König und wohl niemals »der Große« geworden; die preußisch-deutsche Geschichte hätte einen anderen, uns unbekannten Verlauf genommen.

Weitere »Szenarien« lassen sich unschwer entwerfen. Wäre zum Beispiel der Schlachtenheld Friedrich im Kampf gefallen – etwa 1759 bei der verheerenden Niederlage von Kunersdorf, als ihm der Tod so nahe war, wie danach der Gedanke an Selbstmord –, und wäre der schon 1758 verstorbene August Wilhelm kinderlos geblieben wie Friedrich, dann hätte Prinz Heinrich den Thron bestiegen oder im anderen Falle für einen unmündigen Neffen die Regentschaft übernommen; es wäre seine Aufgabe gewesen, Preußen aus dem Krieg zu retten. »Beinahe ein König«, heißt ein Heinrich gewidmeter Roman.* Doch eben beinahe nur.

In unserer Welt, die wir stolz die moderne nennen, haben wir uns zumindest als Norm daran gewöhnt, daß die Lebensstellung des einzelnen von ihm selbst, von seinen persönlichen Fähigkeiten und Leistungen bestimmt wird. Darum mögen uns die vormodernen Verhältnisse sonderbar, vielleicht sogar barbarisch, jedenfalls als Unrecht erscheinen, in denen der Stand, in den man hineingeboren wurde, und in diesem wiederum die Position in der Geschwisterreihe unerbittlich alles entschied. Die große Revolution der Moderne von 1789 mit ihrer Erklärung der Menschen- und Bürgerrechte zielte vorab und zentral darauf, mit dem Unrecht aufzuräumen. In diesem Sinne hat der »preußische Staatsphilosoph« Hegel die Revolution noch im Rückblick gefeiert: »Der Gedanke, der Begriff des Rechts machte sich mit einem Male geltend, und dagegen konnte das alte Gerüste des Unrechts keinen Widerstand leisten ... Es war dieses somit ein herrlicher Sonnenaufgang. Alle denkenden Wesen haben diese Epoche mitgefeiert. Eine erhabene Rührung hat in jener Zeit geherrscht, ein Enthusiasmus des Geistes hat die Welt durchschauert, als sei es zur wirklichen Versöhnung des Göttlichen mit der Welt nun erst gekommen.«*

Übrigens gab es das alte Gerüste des Unrechts nicht nur in Fürstenhäusern, sondern in jedem Stand. Auch der älteste Sohn des Bauern erbte in der Regel den Hof, auf dem dann seine jüngeren Brüder sich als Knechte verdingen mußten. Umgekehrt ist es nicht abwegig zu sagen, daß Prinz Heinrich – nur in herausgehobener Stellung – dazu verurteilt blieb, der Knecht seines Bruders zu sein. Die Aufgeschlossenheit eines Prinzen von Geblüt nicht nur für die Ideen der Aufklärung, sondern weithin sogar für die Revolution, die dazu führte, daß man in ihm einen »Jakobiner« vermutete, stammt kaum von ungefähr.

Aber erst einmal sollte man dem alten Unrecht Gerechtigkeit widerfahren lassen: Unter vormodernen Verhältnissen kam es nicht aufs Fortschreiten zum Neuen, aufs ständige Verändern aller Verhältnisse und damit auf die individuelle Leistung im Wettkampf an, sondern aufs Bewahren und Weitergeben wie zugleich aufs Verkörpern, auf die Repräsentation des Überkommenen. Das galt unvordenklich; erst die neuzeitliche Entwicklung zur modernen Wirtschafts- und Industriegesellschaft und mit ihr zur Herrschaft des Bürgertums hat die revolutionäre Umwendung des Menschen von der Traditionsbindung zur Zukunft ermöglicht und erzwungen, die Karl Marx im »Kommunistischen Manifest» dramatisch schildert:

»Die Bourgeoisie kann nicht existieren, ohne die Produktionsinstrumente, also die Produktionsverhältnisse, also sämtliche gesellschaftlichen Verhältnisse fortwährend zu revolutionieren. Unveränderte Beibehaltung der alten Produktionsweise war dagegen die erste Existenzbedingung aller früheren industriellen Klassen. Die fortwährende Umwälzung der Produktion, die ununterbrochene Erschütterung aller gesellschaftlichen Zustände, die ewige Unsicherheit und Bewegung zeichnet die Bourgeoisepoche vor allen anderen aus. Alle festen, eingerosteten Verhältnisse mit ihrem Gefolge von altehrwürdigen Vorstellungen und Anschauungen werden aufgelöst, alle neugebildeten veralten, ehe sie verknöchern können. Alles Ständische und Stehende verdampft, alles Heilige wird entweiht, und die Menschen sind endlich gezwungen, ihre Lebensstellung, ihre gegenseitigen Beziehungen mit nüchternen Augen anzusehen.«

Solange es jedoch auf die Sicherheit des Bewahrens unter dem Himmel geheiligter Traditionen ankam, ergab es durchaus einen Sinn, daß im Rahmen einer ständischen, stehenden Ordnung die Lebenschancen und die Position des einzelnen durch die Geburt und eben damit prinzipiell ungleich bestimmt wurden. Der Sinn war, Konflikte zu vermeiden oder doch auf ein Mindestmaß zu beschränken. Denn über das, was bereits vorweg von Gott oder der Natur entschieden war, mußte man nicht erst mit Menschengewalt streiten. Es stand eben stets schon fest, wer der Thron- oder Hoferbe sein sollte und wer nicht.

Das Besondere am »klassischen« Preußen des 18. Jahrhunderts war freilich, daß es zwischen den modernen und den vormodernen Vorstellungen und Verhältnissen gewissermaßen eine Zwitterstellung einnahm. Auf der einen Seite sollte die Leistung, die Pflichterfüllung im Dienst entscheidend sein, sogar für Seine Majestät. Es sei an die Parole Friedrich Wilhelms I. von der lebenslangen Mühe und Arbeit erinnert und an den berühmten Satz Friedrichs des Großen: »Ich bin der erste Diener meines Staates.«

Damit stellte sich das preußische Königtum im Grunde bereits in die Perspektive eines bürgerlichen Berufs und seiner Wertungen von Tüchtigsein oder Versagen hinein, wenngleich in einer sehr speziellen und im Gemeinwesen einzigen Position. Dieses neue, traditionsarme Königtum geriet in deutlichen Gegensatz zu alteuropäischen Vorstellungen monarchischer Repräsentation, für die das Sonnenkönigtum Ludwigs XIV. mit seiner Prachtentfaltung und strengen Etikette das zeitgenössische Modell lieferte. Der Unterschied wird an einem Detail sinnfällig. Bis zur Revolution gehörte es zu den Pflichten des Königs von Frankreich – als sei etwas Heiliges, Göttliches um ihn –, durch rituelles Handauflegen Kranke zu heilen. Man stelle sich das für Friedrich Wilhelm I. oder für Friedrich vor: Es gelingt nicht; es ist nicht vorstellbar.

Entsprechendes galt für den Adel. Durch Friedrich Wilhelm I. wurde er – wieder im Gegensatz zu den französischen Verhältnissen – zur modernen Elite, zu einer Dienstleistungsklasse erzogen. Wenn man will, kann man von einer preußischen »Revolution von oben«, von der Staatspitze her, sprechen.

Auf der anderen Seite blieb Preußen dem ständischen Prinzip verhaftet. »Suum cuique«, jedem das Seine, lautete die Devise. Der Bauer sollte an die Fronpflicht gebunden sein, der Bürger an Handel und Gewerbe, der Adlige an seinen ritterlichen Grundbesitz. Und niemandem war es erlaubt, sich über die Schranken hinwegzusetzen. Der Bürger durfte kein Rittergut erwerben; der Adlige, der sich auf ein Gewerbe einließ, wurde mit dem Verlust seines Titels und seiner Privilegien bedroht. Eine willkommene Nebenwirkung war natürlich, daß sich der Adel zur standesgemäßen Versorgung seiner Söhne auf den Staats- und Offiziersdienst verwiesen sah. Aber zugleich wurde die Entwicklung einer dynamischen Wirtschaftsgesellschaft erschwert, wenn nicht blockiert. Erst der Zusammenbruch des friderizianischen Staates im napoleonischen Ansturm ermöglichte grundlegende Reformen.

Besonders kraß trat die Bindung an den Stand und an das Geburtsprinzip zutage, als Friedrich nach der Notlage des Siebenjährigen Krieges bürgerliche Offiziere rigoros ausschied, während er Adlige aus anderen Ländern willkommen hieß. Nicht das Verdienst zählte, sondern die Abkunft; die modernste Armee ihrer Zeit blieb zugleich eine altertümliche Standesorganisation.

Das »Preußische Allgemeine Landrecht« von 1794, gleichsam das Testament der friderizianischen Preußen, spiegelt den Sachverhalt. Einerseits geht es von der Rechtsfähigkeit und in ihrem Sinne von der Gleichheit aller Personen vor dem Gesetz aus. Auch der »Kleine« kann gegen den »Großen« klagen, ein Bauer seinen Gutsherrn und selbst den König vor Gericht ziehen. Andererseits beharrt das Landrecht beim ständischen Prinzip, das die Ungleichheit voraussetzt.

Man muß dieses preußische Zwitterwesen bedenken und im Auge behalten, wenn man ein Lebensbild des Prinzen Heinrich malen und die Bitterkeiten seines Lebens verstehen will. Denn es war ihm exemplarisch bestimmt, in die Widersprüche zwischen Gleichheit und Ungleichheit, zwischen Leistungs- und Geburtsprinzip gebannt zu sein.

Heinrich wurde 1726 geboren, symbolträchtig am 18. Januar, dem preußischen Krönungstag. Der Abstand zu Friedrich betrug vierzehn Jahre, und vierzehn Jahre war er alt, als Friedrich den Thron bestieg. Über die Kindheit des Prinzen ist kaum etwas bekannt. Da er nicht zur Nachfolge, zum »successor« bestimmt war, hat der Vater sich um diesen Sohn gewiß nur wenig gekümmert; der abgründige Konflikt, den Friedrich durchlitt, blieb ihm erspart. Nicht der Vater, sondern der Bruder erwies sich als seine Schicksalsfigur.

Hierfür war vorab wohl eine auffällige Nähe verantwortlich. Die anderen Brüder, der Thronfolger August Wilhelm und Ferdinand, wirken bieder, sozusagen als Durchschnitts- oder Normalprinzen, angefangen bei ihrer Vorliebe für Frauen. Man erfährt wenig von ihren geistigen Interessen und beinahe noch weniger von ihrem politischen Ehrgeiz. Als kommandierender General gefordert, versagte August Wilhelm, und Ferdinand rückte in eine verantwortliche Stellung gar nicht erst auf. In einem Satz: Es lohnt nicht, sich mit diesen Hohenzollernprinzen zu beschäftigen.

Heinrich dagegen erscheint auf den ersten Blick fast als Karikatur Friedrichs. Der ist ziemlich klein gewachsen und Heinrich noch kleiner. Die Gesichtszüge ähneln einander und doch wieder nicht. Heinrich schielt ein wenig und kann darum mit dem Ausdruck seiner Augen kaum bezaubern. Die Nase wirkt knolliger, das Gesicht überhaupt unregelmäßiger. Um es drastisch auszudrücken: Die Schönheit drückt ihn nicht – die ihn dafür, in ihrer männlichen Gestalt, um so mehr anzieht.

Beide Brüder lieben die Musik und nicht bloß als Zuhörer; Heinrich spielt die Geige, wie Friedrich die Flöte. Beide zeigen eine Vorliebe für das Französische. Wenn aber Friedrich von sich sagt, daß er deutsch nur wie ein Kutscher spreche, dann tut Heinrich manchmal so, als sei er des Deutschen überhaupt nicht mächtig. Später einmal, bei seinem Besuch in Paris, bescheinigen die begeisterten Gastgeber ihm ein makelloses Französisch – wenngleich mit deutlich germanischem Akzent. Beide Brüder beschäftigen sich mit französischer Literatur und mit den Ideen der Aufklärung, beide verehren Voltaire. Beide haben eine Scheu vor dem handfesten

Porträt des Prinzen Heinrich.
Zeichnung von J.H. Lips

Trinken wie vor den Frauen, Heinrich noch ausgeprägter als Friedrich. Beide machen sich nichts aus der Lieblingsbeschäftigung von Landedelleuten und Fürsten, der Jagd. Beide sind nicht frei von Eitelkeit, und beide werden vom Ehrgeiz getrieben, etwas Großes zu leisten. Beide beginnen in der inneren Distanz zum aufgezwungenen Soldatsein, um nicht zu sagen mit einem Ekel vor dem Militärwesen, um dann als Heerführer berühmt zu werden.

So nahe indessen die Brüder sich in allen ihren Anlagen, Begabungen und Neigungen sein mochten, so übermächtig rissen die Umstände sie in einen Gegensatz. Vierzehn Jahre Abstand bedeuten zwischen Geschwistern sehr viel; man sieht einander fast mit den Augen einer anderen Generation. Friedrichs Vertraute war die noch um drei Jahre ältere Schwester Wilhelmine, die dann vom zürnenden Vater mit dem Markgrafen von Bayreuth gewissermaßen strafverheiratet wurde. Sie starb im gleichen düsteren Kriegsjahr wie August Wilhelm, 1758. Ihr Tod hinterließ in den Empfindungen Friedrichs eine Lücke, die nie mehr geschlossen wurde. Aber weit über den Tod hinaus hat Wilhelmine für ihren geliebten Bruder gewirkt. Denn mit ihren Memoiren hat sie wesentlich zur Glorifizierung Friedrichs im 19. Jahrhundert beigetragen.*

Heinrich war vier Jahre alt, als der Kronprinz seinen Fluchtversuch unternahm und als ihm zu Küstrin der Prozeß gemacht wurde. Wie sollte das Kind verstehen und mit brüderlicher Anteilnahme aufnehmen, was geschah? Zu vermuten ist ohnehin, daß das heikle Thema von den Erziehern und im Familienkreis vor den Kindern nach Möglichkeit gemieden wurde. Es folgten dann für Friedrich die Jahre als Regimentskommandeur in Neuruppin und die in Rheinsberg, in denen Heinrich von dem Bruder wahrscheinlich mehr gehört als gesehen hat. Denn so selten wie möglich, meist zu offiziellen Anlässen, die einem Jungen von acht, zehn oder zwölf Jahren vielfache Ablenkung boten, kam Friedrich nach Berlin oder Potsdam.

Die eigentliche, schicksalsschwere Beziehung begann erst 1740 nach dem Tode des Vaters. Friedrich glaubte wohl, eine Art von Vaterrolle, jedenfalls die Erziehung des Bruders übernehmen zu müssen, und hielt ihn in seiner Nähe. Seltsam genug bestand diese Erziehung in erster Linie darin, daß Heinrich sich gegen alle seine musischen und literarischen Interessen zum Soldatsein gezwungen sah. Zwar mochte er viel lernen, was ihm später zugute kam, als er im Gefolge des Königs an den Schlesischen Kriegen teilnahm. Aber zur Pro be gerieten die Friedensjahre. Soldaten drillen, Kompanien, Bataillone, ein Regiment exerzieren und vom König kritisch, nicht selten kleinlich inspizieren lassen: Wozu in aller Welt sollte das gut sein? Wozu taugt es tatsächlich? Manchmal möchte man beinahe meinen, daß Friedrich in makaber buchstäblicher Weise die Vaterrolle übernahm, das heißt den »Soldatenkönig« spielte und den Bruder erleiden ließ, was ihm selbst angetan worden war.

Andrew Hamilton verdanken wir eine anschauliche Darstellung. Da er als Engländer der Parteinahme kaum verdächtig ist, sei es erlaubt, ihm etwas ausführlicher das Wort zu geben:

»Schon im Juni 1740 war Heinrich zum Oberst des 35. Regiments ernannt worden, das zu Spandau in Garnison lag. Wie jedem anderen Offizier ... war auch ihm nicht gestattet, nur auf einen einzigen Tag nach Berlin oder irgendwo sonstwohin zu gehen, ohne vorher um Urlaub gebeten und solchen erhalten zu haben. Die Strenge und Eintönigkeit des Offizierslebens ... mag oft genug selbst für jene eine harte Probe gewesen sein, die mit ganzem Herzen an ihrem Beruf hingen. Um wieviel quälender mußten sie einem jungen Prinzen fühlbar werden, der sich wenig aus dem Soldatenleben machte und dem nach vielen Seiten hin Fesseln angelegt wurden, wo andere eine verhältnismäßige Freiheit genossen.

Der König fühlte sich zu allen Zeiten als Haupt der ganzen Familie, ein Haupt, das ganz danach geartet war, durch jede Regung, jedes Zeichen von Unbotmäßigkeit, das sich bei einem der Familienmitglieder kundtat, sogleich auf das empfindlichste berührt zu werden und den Urheber mit einem einzigen Nicken oder Kopfschütteln sofort in seine Schranken zurückzuweisen. Seine Majestät liebte es sein ganzes Leben lang, die nächsten Verwandten – Gattin, Brüder, Schwestern und alle anderen – in so vollkommener und direkter Abhängigkeit von sich wie nur möglich zu halten ...

Für Heinrich traf es sich nun, daß er gerade zu der Zeit, wo sein eigenes Blut am heißesten wallte, die Machtäußerungen Seiner Majestät auszuhalten hatte, der damals in seinen besten Jahren stand und sich in der Fülle seiner Kraft fühlte. Des Königs Despotismus war zwar voller Weisheit, aber doch auch von spaßhaften Anwandlungen und plötzlichen Launen beeinflußt und konnte allerdings bei Gelegenheit recht empfindliche Schläge versetzen. Zuweilen hatte Heinrich das, was ihm geschah, auch verdient. So hören wir zum Beispiel von Ausflügen, die trotz aller militärischen Befehle ohne Urlaub und in Verkleidung nach Berlin unternommen wurden, Expeditionen, die, wenn sie entdeckt wurden, natürlich mehrere Tage Arrest zur Folge hatten.

Der Hauptsache nach war das Los, welches ihm zuteil wurde, das, welches allen jüngeren Söhnen regierender Häupter unvermeidlich zufällt, oder vielmehr das nicht minder unvermeidliche, darum aber nicht weniger unbehagliche des jüngeren Bruders eines willenskräftigen, absoluten und noch dazu sich als Sieger fühlenden Königs. In manchen Fällen glaubte sich Heinrich ganz besonders tief verletzt und hatte wahrscheinlich guten Grund dazu.

Sei dem nun, wie es wolle, daran ist kaum zweifeln, daß in jenen Jahren der Same ausgestreut worden ist zu dem Haß, den Heinrich sein ganzes Leben hindurch gegen den ältesten Bruder gehegt hat, trotz alledem, was sie gemeinschaftlich getan und gelitten, trotz der großen Intimität ihrer Beziehungen in guten und bösen Tagen. Ein Haß, den er so lange nährte, hätschelte und offen zur Schau trug, bis er zuletzt eine geradezu ungeheuerliche Gestalt und Größe annahm.

Für einen damals noch so jungen, so begabten und so ehrgeizigen Mann wie ihn war es sicherlich eine recht harte Prüfung, ein Leben führen zu müssen, das ihn in fortwährender Abhängigkeit erhielt und eine ununterbrochene Selbstunterdrückung von ihm forderte, ein Leben, das eigentlich nur dazu da war, ein anderes zu ergänzen und ihm gelegentlich als

Zierde zu dienen. Und dies alles ohne die goldene Hoffnung, es werde an höchster Stelle einmal eine gründliche Änderung eintreten. Der einzige aktive Dienst, den man von ihm forderte, die Sorge für sein Regiment, war ihm verhaßt und wurde von ihm, soweit es anging, links liegengelassen. Jede Art von Beschäftigung dagegen, die einer eigenen Neigung entsprach, wurde ihm beharrlich verweigert. Zuweilen machte er den ernstlichen Versuch, zu zeigen, daß er auch einen eigenen Willen habe, ja er versuchte sogar, denselben in unbedeutenden Dingen durchzusetzen, sich ein kleines Stückchen Freiheit nach irgendeiner Richtung hin zu sichern oder wenigstens den Schein zu erwecken, als sei er frei. Alles das half ihm nichts. Seine Majestät hielt die Zügel fest in der Hand, kümmerte sich nicht darum, ob man ihm ein mürrisches Gesicht zeigte oder mit ihm schmollte, und weigerte sich rundweg, seinen Feuergeist von Bruder freizugeben, indem er ihm gestattete, in auswärtige Dienste zu gehen und sich dort Auszeichnungen oder gar Lorbeeren zu erwerben. An so etwas war gar nicht zu denken.

Friedrich war ein Bruder, der die jüngeren Glieder der Familie aufrichtig lieb hatte und dem es ein Bedürfnis war, für sie zu sorgen und sie um sich zu sehen. Er hat das oft selbst ausgesprochen und meinem Erachten nach auch bewiesen. Aber wie wird ein junger Prinz, dem bei allen seinen Amüsements Hindernisse in den Weg gelegt werden und dem man die Erfüllung seiner Wünsche für alle Zeit verweigert? Der König wurde sehr bald als ein Tyrann angesehen, gegen den sich zu verbünden für die Prinzen ebenso eine Pflicht wie ein Vergnügen war, natürlich nicht zu aktivem, sondern zu passivem Widerstande, sei es auch nur, daß man ihm, soweit es die Etikette und das eigene Interesse gestatteten, ein verdrossenes Gesicht zeigte.

Seine Majestät konnte bei Gelegenheit eine recht bissige Feder führen. Die folgenden Bruchstücke aus Briefen an Heinrich, die aus dem Jahre 1746 datieren, geben davon

Zeugnis: ›Mein lieber Bruder! Ich denke, wir haben uns gegenseitig nichts vorzuwerfen und stehen einander gleich kühl gegenüber. Du hast es einmal so haben wollen, mag es denn so sein. Das einzige, was Dich zuweilen zu veranlassen scheint, mildere Saiten gegen mich aufzuziehen, ist der Umstand, daß Du meiner guten Dienste bei Deinen Liebeshändeln bedarfst. Übrigens kann mich das außerordentlich geringe Maß freundlicher Gesinnung, das Du mir bei jeder Gelegenheit zeigst, wahrhaftig nicht dazu aufmuntern, immer wieder einen Anlauf zur Zärtlichkeit zu nehmen einem Bruder gegenüber, der mir wenig Dank weiß. Das ist alles, was ich Dir für diesmal zu sagen habe.‹

›Mein lieber Bruder! Deine beredte Feder bringt merkwürdige Dinge zutage. Wenn Du mich liebst, dann muß Deine Liebe eine metaphysische sein, denn bis jetzt habe ich noch nicht gesehen, daß die Leute einander auf diese Weise ihre Liebe kundtun, das heißt, indem sie sich keines Blickes würdigen, kein Wort miteinander wechseln, kurz, sich gegenseitig nicht das geringste Zeichen von Zuneigung geben. Ich weiß nur, daß Du Dich von mir fernhältst, mich mit Kälte behandelst und mir gegenüber eine Gleichgültigkeit zeigst, wie sie sich nicht vollkommener denken läßt.‹

›Mein lieber Bruder! Allerdings hatte ich nicht erwartet, einen Brief von Dir zu erhalten. Allein, nachdem Du für gut befunden hast, sechs Monate lang zu schmollen und mich, obwohl Du mit mir in einem Hause wohnst, weder anzusehen noch mit mir zu reden, es sei denn, daß Du es schicklichkeitshalber gar nicht vermeiden kannst, vermag mich nichts mehr in Erstaunen zu setzen. Noch weniger freilich war ich auf das Projekt gefaßt, das Du mir mitteilst.* Ich habe gar nichts dagegen, daß Du bestrebt bist, Dich zu instruieren. Allein das geringe Interesse, welches Du bisher für den vaterländischen Militärdienst an den Tag gelegt hast, scheint mir wenig zu versprechen für Deine Leistungen im Felde. Überdies sind die Einrichtungen in fremden Armeen so verschieden von den unsrigen, daß ich nicht einsehen kann, was Du aus den ersteren lernen könntest, ganz abgesehen davon, daß ich Dich bei der gegenwärtigen europäischen Lage nicht gut zu einer der beiden kriegführenden Armeen schicken kann, ohne damit eine Parteinahme zu markieren.‹

Aus anderen Briefen von ein oder zwei Jahre späterem Datum ersehen wir, daß sich das Verhältnis zwischen beiden Brüdern nicht gebessert hatte. Der König schickt den Obersten von Rohr, um das Regiment des Prinzen wieder in Ordnung zu bringen, und ist taub gegen alle Vorstellungen des letzteren. Er habe niemand Rechenschaft darüber zu geben, was er tue, und werde diejenigen Änderungen treffen, welche er für gut halte. Er erwarte vor allen Dingen, daß Heinrich selbst eine Änderung seines Betragens eintreten lasse.«*

Es mag nun als großzügige Geste erscheinen, daß Friedrich seinen Brüdern Schlösser schenkte: August Wilhelm erhielt Oranienburg und der achtzehnjährige Heinrich am 28. Juni 1744 Rheinsberg samt dem zugehörigen Güterbesitz. Aber dieses Geschenk erwies sich sogleich als vergiftet und gab vorerst nur Anlaß zu neuer Bitterkeit. Heinrich durfte sein Schloß gar nicht betreten, geschweige denn dort wohnen. Auch eine Lösung, wie sie Friedrich selbst zuteil wurde – Regimentskommandeur in Neuruppin zu sein und dann in Rheinsberg zu residieren – blieb außer Betracht. Nicht einmal Sommerferien, um es modern auszudrücken, durfte er am Grienericksee verbringen.

Soweit es sich nachweisen läßt, ist Heinrich bis 1753 nur zweimal in Rheinsberg gewesen, zunächst im April 1745. Die Königinmutter, Sophie Dorothea, wollte die Söhne in ihren Schlössern besuchen, und dieser Wunsch ließ sich nicht gut abschlagen. Nach der Zwischenstation in Oranienburg empfing also Heinrich die Mutter feierlich an der Grenze seines Besitztums und geleitete sie zum Schloß. Der Reiseregisseur Baron Pöllnitz schildert den weiteren Ablauf: Heinrich »führte Ihre Majestät in die für sie bestimmten Apparte-

Ansicht des Schlosses und des Kavalierhauses um 1738/40
Kupferstich von F.G. Ast

ments, welche die früher vom König bewohnten Räume waren. Die Königin drückte ihre größte Freude darüber aus, in Rheinsberg zu sein, und besah sich, während die Tafel gedeckt wurde, die Haupträume des Schlosses, wobei sie das Arrangement derselben, die Schönheit des Mobiliars und die Eleganz des Deckenschmuckes nicht genug zu loben wußte ... Prinz Heinrich benachrichtigte die Königin, daß das Diner serviert sei, und Ihre Majestät ging nun durch den Korridor der Damen und das Kabinett, welches mit den Gemälden Lancrets geschmückt ist. Dort stand sie einige Augenblicke still, um die Gemälde zu betrachten, und trat dann in den großen Saal, in welchem die Tafel serviert war. Sie wurde nicht müde, den Geschmack und die Pracht zu bewundern, die in demselben herrschten, und brachte während des Diners das Gespräch auf diesen Gegenstand, wobei sie Gelegenheit nahm, alles nur mögliche Liebenswürdige über den König zu sagen, der so viel Schönes geschaffen, als er doch

Apoll und Daphne. Türrelief im Marmorsaal

noch Kronprinz gewesen sei. – Nachdem die Königin von der Tafel aufgestanden war, verfügte sie sich in das runde Kabinett, von welchem aus man den See übersieht. Frau von Kannenberg, die früher zu verschiedenen Malen in Rheinsberg gewesen war ..., machte Ihre Majestät auf die Orte der Umgebung aufmerksam. Sie malte ihr die Schönheit des Waldes von Boberow aus und vergaß nicht, von den glücklichen Tagen zu erzählen, die sie einst am Hofe des Kronprinzen verlebt hatte.«*

Daß Sophie Dorothea sich von den Naturschönheiten beeindrucken ließ oder gar durch den Park spazierte, ist freilich zu bezweifeln: »Während der zehn Tage, welche die Königin außerhalb Berlins zubrachte, tat sie nichts als schlafen, Toilette machen, dinieren, soupieren, sticken und Karten spielen. Daß sie je, ausgenommen während der Reise, ihren Fuß vor die Tür gesetzt habe, darüber findet sich nicht die leiseste Andeutung.«*

Der Erfolg der ersten Reise zog im Sommer 1746 eine weitere nach sich, und diesmal – nach dem Friedensschluß von Dresden im Zweiten Schlesischen Krieg – war sogar Friedrich mit von der Partie. Nur eine blieb ausgeschlossen, wie schon im Vorjahr: seine Gemahlin Elisabeth Christine, die ihrem Bruder, dem Herzog Ferdinand von Braunschweig, schrieb: »Was mich betrifft, so werde ich hier allein in dem alten Palast ganz wie eine Gefangene zurückbleiben, während die anderen sich amüsieren.«

Was Heinrich tun konnte, um sich aus seiner fatalen Lage zu befreien, wurde bald unmißverständlich: Er mußte heiraten. Das war zwar ganz gegen seine Neigung, und es wird berichtet, daß Friedrich einen massiven Druck ausübte, auch dadurch, daß er Heinrich das Junggesellenleben in seiner Nähe mit Vorsatz verleidete. Aber die Eheschließung bot in der Tat die einzige Möglichkeit, um halbwegs zur Selbständigkeit und nach Rheinsberg zu gelangen. Die Wahl fiel auf die Prinzessin Wilhelmine von Hessen-Kassel, und die Hochzeit fand am 25. Juni 1752 mit allem gehörigen Aufwand statt. Im Vorfeld leistete sich Heinrich noch einen makabren Scherz: Er ließ ein spukhäßliches Brautbild nach Berlin schicken. Als Wilhelmine nun eintraf, erwies sie sich als blendende Schönheit. Der Frauenverehrer August Wilhelm, »der vortrat, um ihr aus dem Wagen zu helfen, schien wie betäubt bei ihrem Anblick und konnte nur mit Mühe so viel Geistesgegenwart gewinnen, um ihr mechanisch die Hand entgegenzustrecken«. Noch Jahre später wurde sie von der

Berliner Hofgesellschaft mit Schmeichelnamen wie »die schöne Fee«, »die Göttliche« oder »die Unvergleichliche« bedacht.

Bei Heinrich allerdings half das nicht. Wenn es zweifelhaft bleibt, ob Friedrichs Ehe jemals vollzogen worden ist, dann darf man das in seinem Falle mit Fug verneinen. Und wie bei Friedrich sind später die Haushalte strikt und unwiderruflich getrennt worden, unter dem Vorwand einer Verfehlung Wilhelmines. Rheinsberg durfte sie dann nie mehr betreten, und im Berliner Stadtpalais des Prinzen Heinrich – nachmals dem Universitätsgebäude – gab es sogar getrennte Treppenaufgänge, so daß die Eheleute sich nicht begegnen mußten. Immerhin war vorerst der Zweck erreicht. Im Jahre 1753 konnten Prinz und Prinzessin für drei beinahe glückliche Jahre in Rheinsberg einziehen.

Das Glück kam ans Ende, als Friedrich im August 1756 mit seinem Einmarsch in Sachsen den Siebenjährigen Krieg eröffnete. Die Geschichte dieses Krieges soll hier nicht nacherzählt werden. Heinrich zeichnete sich vielfach aus, so in der Schlacht bei Prag und besonders bei Roßbach, als sein Anteil am Sieg ebenso bedeutend war wie der des Reitergenerals Seydlitz. Je länger im übrigen der Krieg dauerte und je verzweifelter sich die Lage Preußens darstellte, desto heller strahlte Heinrichs Stern. Denn anders als sein ungeduldiger Bruder erwies er sich als ein Meister der hinhaltenden Verteidigung, des Manövrierens, des Ausweichens und zugleich der begrenzten, aber schnellen Vorstöße. »Mein Bruder wollte immer bataillieren, das war seine ganze Kriegskunst«, hat Heinrich selbst später bissig gesagt, und Generationen hindurch haben preußische Militärhistoriker, sozusagen in eine Friedrich- und eine Heinrichpartei gespalten, darum gezankt, wem die Krone der Kriegskunst gebühre.

Die Wahrheit war wohl, daß diese zerstrittenen Brüder sich auf dem militärischen Felde ideal ergänzten. Wenn Friedrich in Schlesien oder an der Oder gegen die Russen das Schlachtenglück suchte, dann hielt Heinrich ihm gegen die Österreicher und die Reichsarmee in Sachsen mit weit unterlegenen Kräften den Rücken frei. So haben der König und der Prinz miteinander das Unmögliche möglich gemacht, das Überstehen Preußens in diesem Krieg gegen beinahe ganz Europa. Übrigens war es Heinrich vergönnt, den Endpunkt zu setzen, indem er am 29. Oktober 1762 bei Freiberg seine erste und einzige Angriffsschlacht schlug – und sie glorreich gewann. Die Österreicher sahen sich zu einem Waffenstillstand gezwungen, der dann in den Frieden von Hubertusburg mündete.

Friedrich hat die Verdienste seines Bruders durchaus anerkannt. Bei einem Bankett, das er bald nach Kriegsende seinen Generalen gab, hielt er »Manöverkritik« und verteilte Lob, aber auch und erst recht Tadel, sich selbst nicht ausschließend. Ganz am Ende wandte er sich Heinrich zu und sagte: »Lassen Sie uns nun, meine Herren, unser Glas leeren auf das Wohl des einzigen Generals, der während des ganzen Krieges nicht einen einzigen Fehler gemacht hat ... Auf Dein Wohl, mein Bruder!«

Heinrich war für Schmeichelworte empfänglich, aber was Friedrich sagte, konnte ihn nicht versöhnen. Von Anfang an hatte er verurteilt, was der König tat: die diplomatischen Manöver im Vorfeld des Krieges und das Bündnis mit England ebenso, wie erst recht den Einfall in Sachsen und den Feldzug nach Böhmen, der bei Kolin scheiterte. »Phaeton ist gestürzt«, schrieb er damals im heimlichen Triumph an die Schwester Amalie.*

Das Ereignis, das den Bruch zwischen den Brüdern unheilbar machte, folgte auf dem Fuße. Für den Rückzug übertrug Friedrich dem Prinzen August Wilhelm den Oberbefehl über einen Teil der Armee, aber der Thronerbe operierte so umständlich wie unglücklich. Auf verschlammten Wegen kam er nur langsam und verlustreich voran; die hungernden Soldaten desertierten in Scharen. Als man etwas später bei Bautzen

Porträt des Prinzen Heinrich.
Büste von A. Houdon, Guß 1789 von Thomire
nach dem Modell von 1784

wieder zusammentraf, ließ Friedrich dem Bruder unter den demütigendsten Umständen, vor versammelter Generalität, sein Versagen vorhalten und enthob ihn des Kommandos; der unglückliche Prinz wurde zum Sündenbock auserkoren für einen verfehlten Feldzug, den Friedrich selbst zu verantworten hatte. Unerbittlich schrieb der König: »Durch Dein schlechtes Benehmen hast Du meine Angelegenheiten in eine verzweifelte Lage gebracht. Nicht meine Feinde richten mich zugrunde, sondern Deine schlechten Maßnahmen ... Befehlige meinetwegen einen Harem von Hoffräuleins; aber solange ich am Leben bin, erhältst Du nicht mehr zehn Mann anvertraut.« August Wilhelm zog sich auf sein Schloß in Oranienburg zurück – und starb binnen Jahresfrist.

Wahrscheinlich handelte es sich um eine Erkrankung, die sich schon länger angebahnt hatte, vielleicht einen Gehirntumor. Aber für die Welt und vor allem für Heinrich stand fest: August Wilhelm starb an gekränkter Ehre, am gebrochenen Herzen, und Friedrich war für seinen Tod verantwortlich. Der Schatten dieses Todes stand fortan zwischen den Geschwistern.

In welche Abgründe Heinrichs Gefühle sich verloren, zeigen Kriegsbriefe an den Bruder Ferdinand: »Wieder will der Bluthund alles allein besorgen, diesmal sogar mit meiner Armee, da er es sich mit der seinigen nicht zutraut. Die gemeinste Bestie, die Europa hervorgebracht hat, wird nicht nur meine Armee zugrunde richten, sondern den ganzen Staat.«

Bisweilen taucht als Anklage auf, was der König August Wilhelm vorgeworfen hatte: »Von dem Tag an, da er zu meinem Heer gestoßen ist, hat er Unordnung und Malheur verbreitet. All mein Mühen in diesem Feldzug und das Glück, das mich begünstigte, alles ist verloren durch Friedrich!« Und mitunter streifen Heinrichs Gefühle sogar den Verfolgungswahn: »Im Frieden muß ich mich darauf gefaßt machen, daß die Person mir nachstellt, denn sie ist zu eitel, neidisch und bösartig, um sich nicht an mir für die Dienste zu rächen, die ich ihr erwiesen habe.«

Immer indessen, ob nun im Krieg als Feldherr oder im Frieden als Diplomat, hat Heinrich seine Gefühle zurückgestellt und sich in die Pflicht nehmen lassen. Denn er war und er blieb vor allem: ein Preuße von Rang.

Im Rückblick auf seine Leistungen und im Ausblick auf den Nachruhm drängen sich seltsame Überlegungen auf, die schon Fontane nach seinem Besuch im Rheinsberger Schloß beschäftigt haben: »Wenn man wieder ins Freie tritt, um, über den Schloßhof hin, dem Park und dem See zuzuschreiten, so kann man die Frage nicht abwehren, wie kommt es, daß dieser kluge, geistvolle Prinz Heinrich, dieser Feldherr sans peur et sans reproche, dies von den nobelsten Empfindungen inspirierte Menschenherz, so wenig populär geworden ist. Man gehe in die Dorfschule und mache die Probe. Jedes Tagelöhnerkind wird den Zieten, den Seydlitz, den ›Schwerin mit der Fahne‹ kennen, aber der Herr Lehrer selbst wird nur stotternd zu sagen wissen, wer denn eigentlich Prinz Heinrich gewesen sei. Selbst in Rheinsberg, das der Prinz ein halbes Jahrhundert lang bewohnt hat, ist er verhältnismäßig ein Fremder. Natürlich, man kennt ihn, aber man weiß wenig von ihm. Einige von den Alten entsinnen sich seiner, erzählen dies und das, aber die lebende Generation lernt Geschichte wie wir, das heißt, liest lange Kapitel vom Kronprinzen Friedrich und seinem Rheinsberger Aufenthalt, und hat sich daran gewöhnt, den Konzertsaal und das Studierzimmer als die alleinigen Sehenswürdigkeiten des Schlosses anzusehen. Die Zimmer des Prinzen Heinrich, Prinz Heinrich selbst, alles ist bloße Zugabe. Das harte Los, das dem Prinzen bei Lebzeiten zufiel, das Geschick, ›durch ein helleres Licht verdunkelt zu werden‹, verfolgt ihn auch im Tode noch. An derselben Stelle, wo er durch fast zwei Menschenalter hin gelebt und geherrscht, geschaffen und gestiftet hat, ist er ein halb Vergessener, bloß weil der Stern seines Bruders vor ihm ebendaselbst geleuchtet.«*

Fontane sucht und findet zur Erklärung des mangelnden Nachruhms zwei Antworten. Zunächst: »Es muß zugegeben werden, daß etwas prononziert Französisches in Sitte, Gewöhnung, Ausdruck, sowie das geringe Maß jener kurbrandenburgischen Derbheit, die wir an Friedrich dem Großen, all seiner Voltaire-Schwärmerei zum Trotz, so deutlich erkennen und so sehr bewundern, der Volkstümlichkeit des Prinzen Heinrich immer hindernd im Weg stehen wird.«

Es fehlen, handfest ausgedrückt, die Anekdoten, die den alten Fritz umranken: »Seine (Heinrichs) Repliken waren nicht im Stile des älteren Tauenzien, als dieser, unter Androhung, ›daß man das Kind im Mutterleibe nicht schonen werde‹, aufgefordert wurde, Breslau zu übergeben; aber wenn er in seinen Antworten auch nicht dem Richard Löwenherz glich, der mit seinem Schwert ein zolldickes Eisen zerhieb, so glich er doch dem Saladin, der mit seiner Halbmondklinge das in die Luft geworfene Seidentuch im Niederfallen zerschnitt.«*

Um dem Erinnern aufzuhelfen: Auf die Drohung, das Kind im Mutterleib nicht zu schonen, lehnte Tauenzien die Kapitulation mit der Bemerkung ab, er sei nicht schwanger, und seine Soldaten seien es auch nicht.

Fontanes zweite Erklärung, die Schriftstellerantwort: »Dem Prinzen hat der Dichter bis zu dieser Stunde gefehlt.« Gewiß, aber warum? Fontane selbst ist dem ohnehin populären Zieten mit dem volkstümlichen schlichten Gedicht beigesprungen, das Generationen von Schulkindern auswendig lernten:

»Joachim Hans von Zieten,
Husarengeneral,
dem Feind die Stirne bieten –
er tat's wohl hundert Mal ...«

Warum hat der Dichter nichts für Heinrich getan? Der war freilich nicht schlicht, sondern kompliziert, und darum muß man wohl tiefer graben.

Die Persönlichkeit und Bedeutung dieses Prinzen läßt sich nur aus seinem Verhältnis oder mehr noch seinem Mißverhältnis zum König erschließen. Wenn nun Heinrich durch die ragende Gestalt des großen Friedrich in den Schatten gerückt wurde, bis sein Bild kaum mehr kenntlich war, wenn

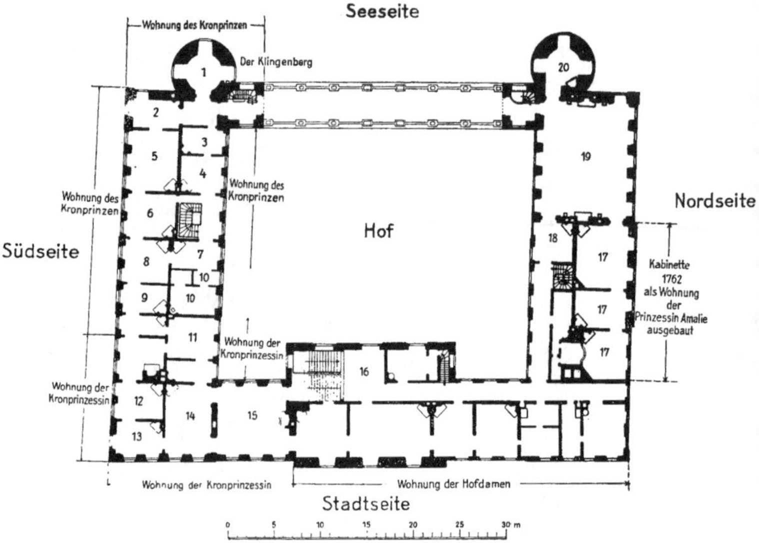

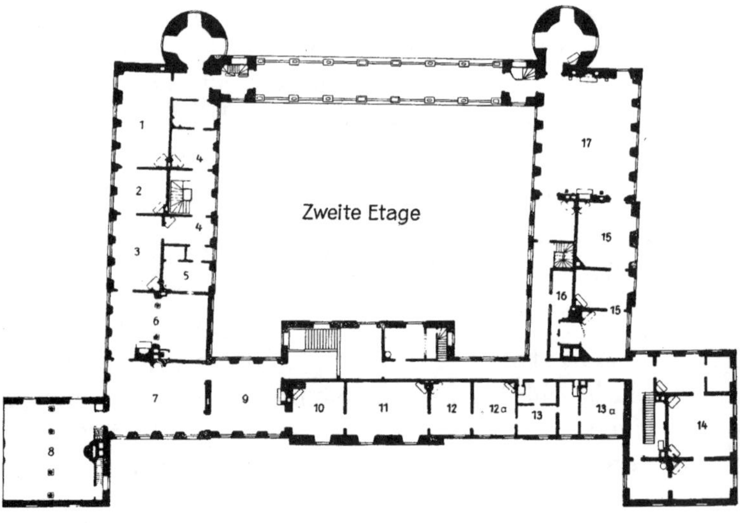

Grundriß des Schlosses zur Zeit des Kronprinzen Friedrich, 1740, (oben) und zur Zeit des Prinzen Heinrich, um 1770, (unten)

Raumaufteilung der zweiten Etage zur Zeit des Kronprinzen Friedrich

1 *Turmkabinett*
2 *Schreibkammer und Bibliothek*
3 *Kammerdiener*
4 *Kammerlakai*
5 *Musikzimmer*
6 *Spiegelsaal*
7 *Vorkammer*
8 *Güldene Kammer*
9 *Schlafkammer*
10 *Freiherr von Keyserlingk*
11 *Schlafkammer*
12 *Blaues Kabinett*
13 *Gelbes Kabinett*
14 *Rotes Zimmer*
15 *Gesellschaftsraum*
16 *Vestibül*
17 *Wohnräume der Kammerfrauen der Kronprinzessin*
18 *Vorraum*
19 *Marmorsaal*
20 *Bacchuskabinett*

Raumaufteilung der zweiten Etage zur Zeit des Prinzen Heinrich

1 *Bildergalerie*
2 *Vorzimmer*
3 *Speisesaal*
4 *Bedientenwohnung*
5 *Ankleidezimmer*
6 *Schlafzimmer*
7 *Marmorsaal*
8 *Bibliothek*
9 *Rittersaal*
10 *Vorzimmer*
11 *Audienzsaal*
12 *Vorzimmer und Schlafsaal der Prinzessin Wilhelmine*
13 *Ankleidezimmer und Puderkammer*
14 *Gästewohnung*
15 *Schlaf- und Wohnzimmer der Prinzessin Amalie (Gästewohnung)*
16 *Puderkammer*
17 *Konzertsaal*

er durch das harte Los, der Jüngere und immer Abhängige zu sein, deformiert wurde, dann gilt auch umgekehrt: Jede wirkliche Würdigung Heinrichs hätte das Bild Friedrichs nicht unbeschädigt lassen können. Der Despotismus des Herrschers im Umgang mit Menschen wäre sichtbar geworden, die Tatsache, daß ein unabhängiges Leben aus eigenem Verdienst in seiner Nähe nicht möglich war.* Das aber paßte nicht zur Glorifizierung einer deutschen Heldenfigur, wie sie seit dem 19. Jahrhundert sich im gesicherten Abstand entwickelte.

Vielleicht noch wichtiger ist etwas anderes. Heinrich stellt sich uns zwiespältig dar, und er tut es, weil er den preußischen Zwiespalt exemplarisch verkörpert, von dem am An-

Schloß und Kavalierhaus zur Zeit des Prinzen Heinrich. Kupferstich von B. Schwarz, nach 1774

fang dieses Kapitels die Rede war. Er wollte in Freiheit, aus seinem persönlichen Recht leben; es war sein Ehrgeiz, etwas zu leisten und an der Leistung gemessen zu werden. Doch stets blieb er in »das alte Gerüste des Unrechts« gebannt; seine Möglichkeiten und vor allem seine Schranken hatte die Geburt ihm schon unverrückbar vorgegeben.

Die Sonne des Nachruhms fällt auf die Gipfel, auf denen alles eindeutig scheint; sie dringt nicht in die Tiefen des Zwiespalts hinab. Wenn wir allerdings erkennen wollen, was wirklich war, dann dürfen wir uns nicht blenden lassen, sondern müssen unsere Augen an das trübere Licht gewöhnen. Die Eule der Minerva, heißt es bei Hegel, beginnt erst mit der einbrechenden Dämmerung ihren Flug. Eben weil Heinrich sich uns zwiespältig darstellt, wäre es wichtig, ihn zu verstehen; von ihm her verstünden wir Preußen.

Rheinsberg als Exil

Das Leben des Kronprinzen Friedrich und seiner Freunde in Rheinsberg zu verstehen ist leicht, weil es mit der Erwartung, der Gewißheit verbunden war, daß es nur auf Zeit, auf Abruf geführt wurde. Früher oder später – und hoffentlich bald – würde man die Idylle im Abseits verlassen und eine andere, die große historische Bühne betreten, bereit zum Rendezvous mit der Macht und dem Ruhm. Diese Erwartung des Kommenden gab allem, was man tat – dem geselligen Umgang miteinander, den Festen, die man feierte, dem Disputieren und Dichten, dem Briefwechsel mit Voltaire – seine hintergründige Spannung, seinen unvergleichbaren Reiz. Es ist ja selbst im Rückblick noch so: Wie denn sollte ein Kreis junger Leute uns überhaupt interessieren, der sich vor zweieinhalb Jahrhunderten in einem märkischen Schloß vergnügte, wenn wir nicht wüßten, daß in ihm ein Friedrich seine Zukunft vorbereitete, in der die Welt ihn, wie einst Alexander oder den Kaiser Karl, »den Großen« nennen würde?

Beim Prinzen Heinrich, seit er nach dem Siebenjährigen Krieg in Rheinsberg seinen dauernden Wohnsitz nahm, ist alles viel schwieriger. Wie eigentlich verbrachte er seine Tage, aus denen dann Jahre, Jahrzehnte wurden, am Ende mit keiner anderen Aussicht, als hier auch die letzte Ruhe zu finden?

Die Frage stellt sich um so dringender, wenn wir erkennen, daß etwas Naheliegendes ausgeschlossen blieb: das Leben eines Landedelmannes aus gehobenem Stand nach seinem Rückzug aus dem Staats- oder Offiziersdienst. Das mochte zum alten Zieten passen, der nicht weit entfernt – in Wustrau, am Neuruppiner See – seine späten Tage verbrachte; zu Heinrich paßte es nicht. Sich um Aussaat und Ernte oder die

Feldsteingrotte. Kolorierte Radierung von B. Schwarz, um 1795

Seuche im Viehstall sorgen, als »König im kleinen«, im Kreis der Gutsleute und Bauern das Erntefest feiern: Das schien ihm unwürdig, dafür hatte man seine Verwalter. Daß der Herr Großneffe, der Kronprinz und König Friedrich Wilhelm III. derlei mit seiner Luise in Paretz bei Potsdam versuchte, hat er gewiß nur mit Kopfschütteln oder mit bösen Bemerkungen quittiert, sofern er es noch wahrnahm: Diese jungen Leute!

Unwürdig, um nicht zu sagen verächtlich, erschien Heinrich auch die Lieblingsbeschäftigung fast aller Fürsten und des Adels, zu der die Gebiete, die Wälder um Rheinsberg reichlich Gelegenheit hätten bieten können: die Jagd. Übrigens teilte er diese Abneigung mit seinem Bruder; Friedrich blieb damit in der langen Reihe der brandenburgischen Kurfürsten und preußischen Könige – oder, wenn man so will, noch darüber hinaus aller Landesherrn bis Erich Honecker – eine markante Ausnahme. Es entfiel so zugleich ein Hauptanlaß zum Umgang mit dem benachbarten Landadel.

Wir müssen, mit anderen Worten, die Vorstellung verabschieden, daß dieser Prinz ein ländlich-naturverbundenes Leben führen wollte oder es, sei es widerwillig, geführt hat. Was wir mit Naturverbundenheit meinen, gehört ohnehin zu einer späteren Zeit; es stellt eine Erfindung oder Entdeckung dar, die wir der Romantik verdanken, Eichendorff zum Beispiel:

»O Täler weit, o Höhen
o schöner, grüner Wald,
du meiner Lust und Wehen
andächtiger Aufenthalt!«

So etwas hätte Heinrich wiederum mit Kopfschütteln quittiert, es als deutsche Sentimentalität abgetan. Denn in seinem Rheinsberg stellte sich die Natur bloß als Dekoration, als ein Bühnenbild dar, das nach genauer Gestaltung zum Kunstwerk verlangte. Daher die »französische« Anlage des Parks im engeren Sinne; daher alle die Grotten und Tempel, die künstlichen Ruinen, die Vielzahl der Figuren. Das Bühnenstück aber, zu dem die Dekoration diente, hieß höfische Repräsentation; Heinrich stand im Mittelpunkt eines Hoflebens en miniature.

Der Einwand liegt nahe, daß man zum Hofstaat eigentlich den Staat braucht, sei er noch so bescheiden, wie etwa im Weimarer Herzogtum Karl Augusts und Goethes – und daß zum Repräsentieren die Repräsentierten, zur höfischen Gesellschaft die Ausgeschlossenen, die Zuschauer gehören. Dieser Einwand trifft, und er trifft wiederum nicht. Wie bei so manchem an Heinrich läßt sich auch an seinem Hofstaat ein Gran Skurrilität, ein Anhauch von Karikatur kaum verleugnen. Und doch gab es den Staat, nur gleichsam im Gegenüber: das friderizianische Preußen. Und es gab die Zuschauer, zwar nicht als »das Volk« oder als gaffende Menge, um so mehr aber unter den Informierten und Interessierten der Oberschichten, bei Diplomaten, in den Hofkreisen von Berlin und Potsdam, ja weit darüber hinaus bis St. Petersburg, Wien und Paris.

Noch immer besaß nämlich das Verhältnis und Mißverhältnis zu Friedrich seine schicksalhafte Bedeutung. Am Rheinsberger Hof fand das Mißvergnügen, die Kritik, die Opposition oder, wie man damals sagte, die Fronde ihren Ort. Natürlich ging es nicht um Opposition im heutigen Sinne, nicht um einen Anspruch auf Übernahme der Macht; das schlossen die Verhältnisse aus. Aber Besucher kamen nach Rheinsberg, Gespräche wurden geführt, und Heinrich unterhielt eine umfangreiche Korrespondenz. Im übrigen war er, wenn schon nicht im offiziellen Preußen, dann ringsum in Europa seit seiner Bewährung als Feldherr eine populäre, ja fast schon wie Friedrich eine legendäre Figur. Man hatte auch nicht vergessen, daß er – anders als mitunter Friedrich – als Gegner stets von untadeliger Ritterlichkeit gewesen war, der gefangene Offiziere ebenso großherzig und gastfreundlich behandelte, wie er es nach Möglichkeit zu vermeiden trachtete, etwa das besetzte Sachsen rücksichtslos auszuplündern.* Aus dem Abstand betrachtet erschien also dieser Prinz in seinem weltfernen Rheinsberg sozusagen als eine Institution ganz eigener Art, und eben dies verlieh seiner Hofhaltung eine Bedeutung, die sich an der Bescheidenheit ihres äußeren Rahmens schwerlich ablesen ließ.

Die Verbindung zwischen Friedrich und Heinrich riß bei alledem keineswegs ab. In der Regel wöchentlich gingen Briefe zwischen Sanssouci und Rheinsberg hin und her; Heinrich verfaßte Denkschriften und gab Ratschläge, sei es gebeten oder ungebeten. Er ließ sich auch für diplomatische Missionen gebrauchen – und genoß es sichtlich, zum Beispiel am Hof von St. Petersburg gefeiert und von der großen Katharina auf jede nur denkbare Weise ausgezeichnet zu werden. Dieses zwielichtige Verhältnis von Zusammenarbeit und Fronde ließ den Prinzen wiederum oder zusätzlich als interessant erscheinen; man wußte nie ganz genau, ob man über Heinrich den König beeinflussen oder erfahren konnte, was gegen ihn zu unternehmen sei.

Das Ansehen, das Heinrich im Ausland genoß, wird an zwei Vorfällen deutlich. Bald nach Ende des Siebenjährigen Krieges, 1764, erschien bei Friedrich und danach bei Heinrich eine polnische Delegation und bat um Zustimmung dafür, daß der Prinz für die polnische Thronfolge kandidiere. Der König lehnte mit gutem Grund ab: Diese Kandidatur hätte einen schweren Konflikt, wahrscheinlich sogar einen Krieg mit Rußland heraufbeschworen, und den konnte sich das ausgeblutete Preußen auf keinen Fall leisten. »Beinahe ein König«: Heinrich hatte sich der Staatsraison zu fügen. Die Wahl fiel dann, unter russischem Druck, auf den Günstling der Zarin, Stanislaw II. August Poniatowski.

Die Umstände haben es später mit sich gebracht, daß Heinrich mit seiner Reise nach St. Petersburg im Jahre 1770 die erste polnische Teilung vorbereiten half. Als preußischer Patriot hat er begrüßt, daß damit eine Landbrücke zwischen Pommern und Ostpreußen hergestellt wurde. Im übrigen aber hat er den Polen stets seine Zuneigung bewahrt und die zweite, erst recht die dritte Teilung, durch die Polen als Staat für lange Zeit von der Landkarte verschwand und Warschau sich für einige Jahre in eine preußische Provinzstadt verwandelte, als schweres Unrecht verurteilt.

Noch viel sonderbarer, fast bizarr nimmt sich der zweite Vorfall aus. Nachdem die Vereinigten Staaten von Amerika ihre Unabhängigkeit erkämpft hatten, spielte in der Verfassungsdebatte zunächst das englische Vorbild eine Rolle: die Parlamentsherrschaft mit monarchischer Repräsentation. Dafür aber brauchte man einen leibhaftigen König – oder, falls man den Titel vermeiden wollte, einen Erbstatthalter nach dem niederländischen Muster. Woher nehmen?

Preußen war das Land, das als erstes in Europa mit dem jungen Staat jenseits des Atlantik einen Freundschafts- und Handelsvertrag abschloß, und in Preußen gab es den Prinzen Heinrich, der seine Sympathie für den amerikanischen Kampf um Unabhängigkeit deutlich bekundet hatte. An ihn als den geeigneten Kandidaten dachte man daher im Kreis um Friedrich Wilhelm von Steuben, den Exerziermeister der amerikanischen Armee, der einst unter Heinrich gedient hatte. Natürlich blieb das eine Episode ohne Folgen; die Verfassungsdebatte und der Verfassungskonvent von 1787 schlugen eine andere Richtung ein. Ohnehin fällt es schwer, sich den inzwischen über sechzigjährigen Prinzen Heinrich mit seiner ganz und gar französischen Prägung als einen »König von Amerika« vorzustellen. Aber zumindest eine amerikanisch-rheinsbergische Korrespondenz hat es in dieser Angelegenheit tatsächlich gegeben.*

Heinrichs Rheinsberg war indessen nicht nur eine Stätte der Fronde, sondern auch ein Ort des Exils. Vor sich und vor anderen nur halb verborgen, nährte der Prinz Erwartungen und Hoffnungen, in die sich die Selbsttäuschung mischte, wie so oft in der Bitterkeit des Exils. Wie würde es sein, wenn Friedrich starb und der Neffe – der Sohn August Wilhelms, dem Heinrich immer die Treue bewahrt hatte – als Friedrich Wilhelm II. den Thron bestieg? War dieser dickwanstige Geisterseher und Frauenheld, »der Vielgeliebte«, nicht zu unerfahren und vor allem zu bequem, um sich mit der Mühe und Arbeit des Regierens zu beladen? Und was lag dann näher, als daß er sich aufs Repräsentieren beschränkte, Heinrich aus seinem Exil zurückrief und ihm eine Art von Regentschaft übertrug?

Das erwies sich dann schnell als Illusion; noch weit weniger als Friedrich den Bruder fragte der neue König seinen Onkel um Rat, und schon gar nicht übertrug er ihm Ämter oder diplomatische Missionen. Ähnlich war es später bei dem Großneffen, Friedrich Wilhelm III. Eine paradoxe Situation: Heinrich erschien auf einmal als der Repräsentant einer vergangenen Zeit, wenn nicht gar als der letzte Statthalter Friedrichs, unter dessen Herrschaft man in ihrer erstarrten Spätzeit so sehr geseufzt und gelitten hatte, deren Ende man herbeiwünschte* und aus der man endlich heraustreten wollte. Ein mit Einfluß oder gar mit Macht versehener Heinrich würde indessen, so schien es, Friedrichs Tyrannei über den Tod hinaus verlängern, gleich ob gewollt oder ungewollt. Nein, für diesen Mann war in der neuen Ära kein Platz; mit vollendeter Höflichkeit, in der Sache aber um so deutlicher gab man ihm den Abschied.

Was blieb, nachdem der Traum einer Heimkehr aus dem Exil zerbrochen war? Vielleicht noch ein anderes, viel weiter entferntes Exil. Bereits vor Friedrichs Tod, 1784, hatte Heinrich endlich in das Land seiner Sehnsucht, nach Frankreich, reisen dürfen. Diese Reise glich einem Triumphzug. Überall, in Lyon und erst recht in Paris, wurde er begeistert empfangen; alle Welt drängte herbei, um den berühmten Mann kennenzulernen, der gutes Französisch mit vollendeter Höflichkeit verband und aus seiner Bewunderung Frankreichs keinen Hehl machte.

Heinrich war erst recht begeistert. »Sie wissen, lieber Bruder«, schrieb er an Ferdinand, seinen alten Vertrauten, »wie ich die Franzosen immer geliebt habe, doch jetzt wäre ich imstande, mich für sie töten zu lassen.« Die Abreise fiel ihm schwer, wie er dem Herzog von Nivernois bekannte: »Ich verlasse nun das Land, nach dem ich mich ein halbes Leben lang gesehnt habe und an das ich, während der zweiten Hälfte meines Lebens, mit so viel Liebe zurückdenken werde, daß ich fast wünschen möchte, ich hätte es nicht gesehen.« Wahrlich, Mirabeau – der im übrigen in seiner »Geheimen Geschichte des Berliner Hofes« Heinrich herabsetzte, ja verleumdete, wie er nur konnte – schrieb mit treffsicherer Ironie: »Dieser Prinz ist französisch, wird es bleiben, und als Franzose sterben.«*

Mit der verlorenen Hoffnung im Gepäck, in Preußen jemals wieder eine Rolle spielen zu können, unternahm Heinrich dann im Jahre 1788 eine zweite Reise nach Paris. Ein

Plan entstand, Hoffnung keimte noch einmal: in oder bei Paris einen Wohnsitz zu erwerben und dort die Altersjahre als ein endlich freier Mann zu genießen. Aber der Ausbruch und der Verlauf der Revolution zerschlugen auch diese Hoffnung; Heinrich sah sich endgültig nach Rheinsberg verwiesen. Aus dem Schatten, der von der Jugend an über seinem Leben lag, gab es kein anderes Entkommen als den Tod.

Wenden wir uns aber zurück und dem Leben in Heinrichs Residenz zu: Wie sah es aus? Dies festzustellen ist nicht einfach, denn einen Chronisten oder Privatsekretär, der wie Eckermann bei Goethe alles aufschrieb, hat es nicht gegeben; es mangelt an zuverlässigen Quellen, wie schon Fontane feststellte, als er die späten Jahre schildern wollte: »Diese meine Aufgabe war insofern schwierig, als gedruckte Mitteilungen aus jener Epoche so gut wie gar nicht vorliegen, aber ich genoß des Vorzuges, Personen zu begegnen, die jene letzten Prinz-Heinrich-Tage teils noch miterleben durften oder doch von eben diesen Tagen wie von etwas Jüngstgeschehenem hatten sprechen hören.«* Da uns solche Erinnerungen nicht mehr zu Gebote stehen, scheint es angebracht, Fontane selbst das Wort zu geben, ebenso Andrew Hamilton, der wenige Jahre nach Fontane seine Studien betrieb. Zunächst Hamilton:

»Der Rheinsberger Hof war (nach 1763) wieder ein sehr glänzender geworden und ist es auch für viele Jahre geblieben – soweit es eben ein Junggesellenhof überhaupt sein konnte. Nicht daß Frauen dort etwas Unbekanntes gewesen wären; sie waren sogar häufig und für längere Zeit willkommene Gäste. Des Prinzen Schwestern kamen, die Königin von Schweden, wie wir wissen, auch die Herzogin von Braunschweig, Prinzessin Amalie und die übrigen. Andere Damen scheinen im Sommer ihr Hauptquartier dort aufgeschlagen zu haben. Doch der Hof als solcher war ein männlicher. Und selbst in späteren Jahren, wo sich der Damenbesuch auf ganze Jahre ausdehnte, blieb solcher Besuch doch immer nichts als ein versuchsweise auf den männlichen Stamm gepfropftes weibliches Reis.

Der Hof zu Rheinsberg zählte, wie uns berichtet wird, 110 Personen. Es ist möglich, daß außer den Adjutanten, den Kammerherren, Sekretären, Pagen etc. und den Domestiken auch die Schauspieler und Musiker in diese Zahl eingerechnet werden müssen, nicht aber die vierundzwanzig Husaren und ihre Rittmeister, welche vom Könige unterhalten wurden.*

Die Morgenstunden brachte der Prinz für sich allein zu. Er pflegte viel zu schreiben. Wie andere Mitglieder seiner Familie liebte er es zu philosophieren, besonders mit der Feder. Auch führte er eine sehr ausgedehnte Korrespondenz und hatte die Gewohnheit, alle seine Briefe mit Ausnahme rein geschäftlicher Noten eigenhändig zu schreiben. In den späteren Vormittagsstunden machte er einen Spaziergang, meist zu Fuß und allein. Nur bei seltenen Gelegenheiten durften ihn einige bevorzugte Gäste begleiten. Das Diner wurde um zwei Uhr serviert, und während desselben ging es sehr lebhaft zu. Die französischen Gäste sagen, es sei ein sehr einfaches Diner gewesen, aber die Heiterkeit, welche dabei herrschte, habe den Mangel an Delikatessen ersetzt.«*

Fontane schließt hier an: »Die Nachmittagsstunden gehörten zunächst dem Diner. Man aß zur Winterzeit im Schloß, während des Sommers aber, sooft es das Wetter erlaubte, im Freundschaftstempel oder auf der Remusinsel. Der Prinz war persönlich außerordentlich mäßig, und eine gebackene Speise wie sie sein Bruder liebte: Maccaroni, Knoblauchsaft und Parmesankäse hätte ihn einfach getötet. Wie er die Frauen nicht liebte, so auch nicht den Wein, aber er war billig denkend genug, seinen Privatgeschmack nicht zum allgemeinen Gesetz zu machen, und seine Küche wie sein Keller ließen niemanden darben. Die Unterhaltung, wenngleich innerhalb gewisser Formen verbleibend, wie sie die Gegenwart eines Prinzen und noch dazu eines solchen erheischte, war doch innerlich vollkommen frei. Von Krieg und Kriegführung wurde selten gesprochen; es schien als etwas zum Metier Gehöriges verpönt. Er war sehr eitel, und stilvolle Huldigungen, auch solche, die dem ›siegreichen Feldherrn‹ galten, nahm er gern entgegen, aber er war andererseits viel zu vornehm, um das Gespräch auf seine Taten und Siege hinzulenken. Daß er Unterhaltungen der Art vermieden wünschte, sprach sich schon darin aus, daß niemand in Dienstkleidung (Uniform) erscheinen durfte; Hof- und Gesellschaftskleid war Vorschrift. Das Gespräch drehte sich um Fragen der Kunst und Wissenschaft, um philosophische Kontroversen und Dinge der Politik. Über letztere sprach er mit großer Freimütigkeit, mißbilligte beispielsweise den endlich zu dem Frieden von Basel (1795) führenden Krieg Preußens gegen Frankreich und zeigte bis zuletzt gewisse Sympathien mit der französischen Revolution. Ob diese Sympathien (so bemerkt Heinrich von Bülow) in wirklicher Vorliebe für freie Staatsverfassungen wurzelten oder nur ein Resultat der Anschauung waren, ›daß alles Französische gut sei, auch eine französische Revolution‹, mag dahingestellt bleiben. In ähnlich offener Weise nahm er Partei für die Polen, und dieselbe Teilung, zu deren Vollziehen er als gehorsamer Diener seines Königs am Hofe Katharinas mitgewirkt hatte, hielt er nichtsdestoweniger weder für ein Meisterstück der Politik noch für eine Handlung der Gerechtigkeit.

Die Festlichkeiten ... verminderten sich im Laufe der Zeit; aber sie fanden doch wenigstens noch statt. Der Jahrestag der Freiberger Schlacht ward alljährlich gefeiert und am 6. Mai 1787 gab der Prinz zur Erinnerung an die Bataille bei Prag allen noch lebenden Offizieren und Gemeinen des an jenem Tage von ihm geführten Regiments Itzenplitz ein glänzendes Fest. Er war zu dieser Feier doppelt berechtigt, einmal durch die Tat selbst, andererseits und in gesteigertem Maße dadurch, daß sich die Neuzeit (der große König war seit kaum Jahresfrist tot) das Ansehen gab, solche Taten vergessen zu dürfen ... Offiziere und Gemeine saßen nun dreißig Jahre später an der Festtafel ihres Führers und die begeisterten Lebehochs, die man ausbrachte, klangen laut genug, um bis ans Ohr des königlichen Neffen zu dringen. So war denn das Festmahl neben einer pietätsvollen Huldigung gegen die Heimgegangenen, vor allem auch eine berechtigte Demonstration gegen Lebende.«*

Natürlich bildete solch eine »politische« Feier die Ausnahme. Es sei daher der Bericht von einem Fest ganz anderer Art angefügt, den wir einem Grafen Henckel von Donnersmarck verdanken. Seine Mutter lebte als Witwe zeitweilig in Rheinsberg, und er selbst stand als junger Leutnant im nahen Zehdenick in Garnison. In seinen »Erinnerungen« erzählt Henckel:

»Ehe ich fortfahre, muß ich noch hier als eine Merkwürdigkeit meines Lebens einschalten, daß ich sonderbarerweise meine Schwester geheiratet habe. Sie hatte sich schon in Königsberg in einen Hauptmann von Pogwisch ... verliebt und mit ihm verlobt.

Er war in (Ost-)Preußen und hatte bestimmt, daß er an einem gewissen Tage zur Hochzeit in Rheinsberg eintreffen würde. Der Prinz Heinrich, der jede Veranlassung zu Festen benutzte, wollte diese Hochzeit feiern und hatte drei Tage zu den sich hintereinander folgenden Festen bestimmt. Auf einmal kam ein Brief von Pogwisch an, worin dieser anzeigte, daß er erst einige Tage später kommen könne. Prinz Heinrich, ärgerlich, daß seine Feste, zu denen alle Einrichtungen getroffen waren, verschoben werden sollten, schickte mir einen Leibhusaren, befahl mir, die Paradeuniform mitzubringen und mich an einem gewissen Tage bei ihm in Rheinsberg zu melden. Ich traf zur bestimmten Zeit ein, und er verlangte von mir, daß ich am folgenden Abend ›par procuration‹ mir meine Schwester sollte anvertrauen lassen. Als ich mir die Freiheit nahm, zu erwidern, daß dies nur bei großen Herren vorkomme, bei privaten Anlässen aber nicht erlaubt sei, sagte der Prinz: ›Das geht Ihn nichts an, das ist meine Sache.‹

Gegen fünf Uhr nachmittags versammelte sich denn also alles in Gala in einem der Säle. Ein Tisch mit einer Decke war aufgestellt und der Hofprediger dahinter. Nach einer salbungsreichen Rede über unsere gegenseitigen Pflichten wurde mein Ja abgefordert, und die Trauung ging vor sich. Der Prinz beglückwünschte uns. Nun ging es in ein großes Konzert, wo meine Frau rechts und ich links vom Prinzen sitzen mußte und eine italienische Arie von der ersten Sängerin uns zu Ehren gesungen wurde, dann zum Souper (ich immer neben dem Prinzen) und von da ins Brautgemach, wo das Strumpfband verteilt wurde. Im Herausgehen sagte mir der Prinz: ›Morgen ist bei Ihm Déjeuner!‹ Ich stürzte ihm nach mit der Versicherung, ich sei dazu gar nicht eingerichtet. ›Versteht sich von selbst, daß ich es bezahle‹, erwiderte er, und so war ich wieder beruhigt.

Den zweiten Tag also Déjeuner bei mir, Grand-Diner beim Prinzen, große Oper und Souper. Ich mußte stets die Honneurs als Bräutigam machen. Den dritten Tag war Ball. Die Bälle waren immer sehr sonderbar, denn da das Personal in Rheinsberg sehr klein war, wurden dazu alle Kammerjungfern, die Familien der Schauspieler, Musiker und Bürger aus der Stadt befohlen.«

Hofbälle mit Kammerjungfern, Leuten aus einem keineswegs für ehrbar geltenden Gewerbe, schlichten Bürgern: in der Tat eine sonderbare Vorstellung. Dergleichen hat es sonst nie gegeben, bis zuletzt nicht; die wilhelminische Hofrangordnung, wie sie bis 1918 galt, umfaßt 62 Stufen und nennt auf der untersten und letzten: Seconde-Lieutenants. Warum aber behalf man sich in Rheinsberg nicht mit dem Landadel der Umgebung oder mit Offizieren aus den nahen Garnisonen? Vielleicht war das »Sonderbare« nicht nur auf den Mangel an Standespersonen zurückzuführen. Auch zu den Rängen des Hoftheaters waren die Bürger von Rheinsberg zugelassen, und unter den Vorzeichen einer Standesarmee mit ihrer Prügelstrafe für den einfachen Soldaten wirkt es erst recht merkwürdig, daß zur Jubiläumsfeier der Schlacht bei Prag Offiziere und Gemeine an die gleiche Festtafel geladen wurden. Treten in der Summe des Sonderbaren etwa die »jakobinischen« Neigungen des Prinzen zutage?

»Während des Balles«, fährt Henckel fort, »wurde ich herausgerufen. Mein Schwager war angekommen, wütend, daß alle diese Zeremonien ohne ihn vor sich gegangen waren. Der Prinz wollte aber keine Notiz von ihm nehmen. Er mußte im Wirtshaus übernachten und wurde am Morgen beim Déjeuner mit meiner Schwester getraut, wobei aber keiner in Gala erscheinen durfte und der Prinz selbst seine Perücke mit Lockenwickeln trug, um seine Geringschätzung zu zeigen.«*

Diese Geringschätzung verrät den Preußen: Man hatte gefälligst pünktlich zu sein. Und was war das für eine Ausrede, daß schlechtes Wetter, ein winterlicher Schneesturm die Wege unpassierbar gemacht hatte! Der Bote mit dem Brief war ja auch durchgekommen. Henckel erwähnt den Hofprediger. Den gab es natürlich nicht; es dürfte sich schlicht um den Stadtpfarrer von Rheinsberg gehandelt haben, der aus Anlaß dieser Trauung die seltene Gelegenheit bekam, das Schloß zu betreten. An den Bau einer Schloßkapelle dachten weder Friedrich noch Heinrich, und nach der Beisetzung des frommen Vaters hat Heinrich wohl nie mehr eine Kirche besucht, um dem Gottesdienst beizuwohnen. Wie sein königlicher Bruder war er ein Skeptiker, stolz darauf, im Sinne Voltaires aufgeklärt zu sein.

Eine um so größere Rolle spielten Musik, Oper und Schauspiel. Heinrich ließ das Theater erbauen, das 1945 ausbrannte und heute bloß noch als Ruine mit seinen Außenmauern erhalten ist. Nur alte Fotos zeigen die einstige Einrichtung. Wieder Fontane:

»Dem Diner folgte, wenn auch nicht täglich, so doch so oft wie möglich, Theater und Konzert. Über die Stücke, die zur

Theaterflügel des 1945 ausgebrannten Kavalierhauses.
Aufnahme 1920/30

Aufführung kamen, habe ich nichts Bestimmtes erfahren können, aber es scheint fast, als ob Voltaire, wie den Kreis der Anschauungen und Unterhaltungen, so auch die Bühne beherrscht habe. Gleicherweise wie die Namen der Stücke, sind auch die der Künstler, die darin mitwirkten, bis auf we-

Blick in den Zuschauerraum des Theaters.
Historische Aufnahme

nige verschollen; Blainville, der Liebling des Prinzen, Demoiselle Toussaint, eine Tochter oder Schwester des Vorlesers, Demoiselle Aurore, vor allem aber Suin de Boutemars, sind die einzigen, die sich im Gedächtnis der Stadt Rheinsberg erhalten haben.«*

Die Namen verweisen wie so vieles sonst auf Heinrichs französische Neigungen. Er hatte aus der in Berlin von Friedrich verfügten Auflösung eines französischen Ensembles Nutzen gezogen, Sänger und Schauspieler engagiert und dafür seine Finanzen bis an oder über die Grenze ihrer Möglichkeit strapaziert; Geldsorgen und Schulden begleiteten seine Hofhaltung fast immer.

Das Niveau, das erreicht wurde, scheint beachtlich gewesen zu sein. »Der Ruf der von der prinzlichen Kapelle begleiteten Opernaufführungen lockte sogar das Publikum aus Berlin an. Die Marquise de Sabran, die mit anderen Emigranten 1791 vor den revolutionären Ereignissen in Frankreich geflohen war und in Rheinsberg Aufnahme gefunden hatte, schrieb darüber: ›Zweimal in der Woche haben wir ein ausgezeichnetes Theater. Man gibt abwechselnd große Opern, die, was die Musik betrifft, ebensogut aufgeführt werden wie in Paris, aber ohne Ballett ..., außerdem die besten Stücke wie im Theatre Français und alle komischen Opern ... Niemals habe ich soviel Vergnügen im Theater empfunden wie hier.‹«* Wenigstens auf Zeit gesellte sich Rheinsberg zu den vielen Residenzen, die – als positive Seite der immer beklagten »Kleinstaaterei« – einen so großen Beitrag zur deutschen Theater- und Musikkultur geleistet haben.

Fontane erwähnt den Liebling des Prinzen, und wir kommen damit zu einem Thema, das nicht übergangen werden kann. Heinrich liebte nun einmal die schönen jungen Männer, und sie gehören zum Rheinsberger Hofleben. Manchmal haben sie es geradezu beherrscht – oder sind ihm zum Opfer gefallen. Dieser Schauspieler zum Beispiel:

»Blainville, ein besonderer Liebling des Prinzen, gab sich selbst den Tod, als es der Kabale seiner Genossen gelungen war, ihm momentan die Gunst seines Herrn zu entziehen. Der Prinz soll diesen Verlust nie verwunden haben.«*

Ein anderer war Tauenzien. »Bogislaw von Tauenzien, der spätere Graf Tauenzien von Wittenberg, Sohn des berühmten

Verteidigers von Breslau, gehörte fünfzehn Jahre lang dem Rheinsberger Hofe an. Er war ein besonderer Liebling des Prinzen, der schon 1776 den damals erst sechzehnjährigen Fähnrich von Tauenzien zu seinem Adjutanten ernannte. Bis vor kurzem noch befand sich ein trefflicher alter Stich im Schloß, der die Szene darstellt, wie der Fähnrich von Tauenzien seine erste Meldung vor dem Prinzen macht.«* Später begleitete er Heinrich auf seinen Reisen nach Paris. Die Beziehung verlor sich, als Tauenzien, inzwischen als Major, 1791 gewissermaßen Verrat beging, indem er in das vom Prinzen verabscheute Gefolge Friedrich Wilhelms II. übertrat.

Der letzte in einer langen Reihe war Graf La Roche-Aymon, 1775 geboren. Als Siebzehnjähriger floh er vor der französischen Revolution, und »1794 erschien ein junger, sechs Fuß hoher Offizier von dunkelstem Kolorit und dürftigster Kleidung in Rheinsberg und gab bei ›Demoiselle Aurore‹, jener schon genannten Schauspielerin des prinzlichen Hoftheaters, einen Empfehlungsbrief ab ... Demoiselle Aurore war echte Französin, lebhaft und gutherzig, dabei Royalistin und zu Abenteuern geneigt; sie bestritt also eine passende Equipierung aus eigenen Mitteln, und vor Ablauf einer Woche war der Graf in der Gunst des Prinzen ... Schön, gewandt, liebenswürdig, eine Kavalier im besten Sinne des Worts, trat er alsbald in eine Vertrauensstellung, ja darüber hinaus in ein Herzensverhältnis zum Prinzen, wie es dieser, seit Tauenzien, nicht mehr gekannt hatte. Der Graf erschien ihm als ein Geschenk des Himmels, der Abend seines Lebens war gekommen, aber siehe da, die Sonne, bevor sie schied, lieh ihm noch einmal einen Strahl ihres beglückenden Lichts.«*

Der Graf heiratete dann ein Fräulein von Zeuner; auf dem Gut Köpernitz, das ihm aus der Hinterlassenschaft des Prinzen Heinrich zufiel, hat die Gräfin La Roche-Aymon bis 1859 gelebt. Der Graf selbst kehrte nach der Restauration in seine Heimat zurück und hat es dort zum General und zum Pair von Frankreich gebracht.

Einer muß noch erwähnt werden, weil mit ihm eine fatale Geschichte verbunden ist: Kaphengst. »Christian Ludwig von Kaphengst wurde ungefähr im Jahre 1740 auf seinem väterlichen Gut Gühlitz in der Priegnitz geboren. Wann er an den Rheinsberger Hof kam, ist nicht genau festzustellen; sehr wahrscheinlich lernte der Prinz ihn während des Siebenjährigen Krieges kennen, fand Gefallen an seiner Jugend und Schönheit und nahm ihn nach erfolgtem Friedensschlusse mit nach Rheinsberg. Als Adjutant des Prinzen, eine Stellung, zu der ihn seine geistigen Gaben keineswegs befähigten, stieg er zum Kapitän und bald darauf zum Major auf und beherrschte nun den Hof und den Prinzen selbst, dessen Gunstbezeugungen ihn übermütig machten. Der König, der in seiner Sanssouci-Einsamkeit von allem unterrichtet war, mißbilligte, was in Rheinsberg vorging, und wollte dem ›Verhältnis‹ à tout prix ein Ende machen. 1774 überbrachte deshalb ein Page des Königs ein königliches Geschenk von 10 000 Friedrichsdor, freilich zugleich mit der Order, ›daß er den Major von Kaphengst entlassen möge‹, eine Order, deren Wortlaut sich hier der Möglichkeit der Mitteilung entzieht.«*

Geld, als gehe es um Bestechung, und wütendes Schimpfen: eine doppelte Demütigung. Aber sogar Fontane gerät nahe ans Schimpfen und schildert Kaphengst in den finstersten Farben. Nur vorsichtig fügt er hinzu: »Aller klar zutage liegenden Schwächen und Schattenseiten Kaphengsts zum Trotz, muß dem Wesen desselben ein Etwas eigen gewesen sein, das den alternden Prinzen in erklärlicher und dadurch annähernd gerechtfertigter Weise höchst sympathisch berührte. Vielleicht war es nichts weiter als Zynismus, der so leicht einen Reiz auf diejenigen ausübt, deren Beruf und Neigung im allgemeinen auf das geistig Verfeinerte geht. Es ist der Zauber des Kontrastes, ein Sichschadloshalten für anderweitig empfundenen Zwang.«*

Obelisk zur Erinnerung an den Siebenjährigen Krieg

Doch mag es gewesen sein wie es wolle, und unsere Phantasie mag das »Verhältnis« von Rheinsberg je nach der Neigung lüstern oder mit Abscheu ausmalen: Was zum Teufel ging es Friedrich an? War etwa Neid, eine Mißgunst aufs Glück im Spiel, weil dieses Verhältnis ihm seine eigenen, in der Alterseinsamkeit und Erstarrung verlorenen Neigungen bitter bewußt machte?

Heinrich hat später auf seine Weise Antwort gegeben und gegen Friedrich ein Denkmal, ein Wahrzeichen gesetzt. Den heutigen Besuchern von Rheinsberg mag es kaum als wichtig, als pure Dekoration und vom Schloß her als ein bloßer Blickfang erscheinen. Wer aber das Rheinsberger Exil, das Bittere in dem preußischen Traum vom Glück, die Abgründe einer lebenslangen Bruderbeziehung verstehen will, für den gilt, was Fontane gesagt hat: »Vielleicht die größte Sehenswürdigkeit Rheinsbergs ist der Obelisk, der sich, gegenüber dem Schlosse, am jenseitigen Seeufer auf einem zwischen dem Park und dem Boberowwalde gelegenen Hügel erhebt.«*

Heinrich hat den Obelisken seinem von Friedrich in die Unehre verstoßenen, in ihr verstorbenen Bruder geweiht, »dem ewigen Gedenken an August Wilhelm, den Prinzen von Preußen, zweiten Sohn des Königs Friedrich Wilhelm«. Oder wie es in Heinrichs Sprache geschrieben wurde:

A l'eternelle memoire d'Auguste Guillaume
Prince de Prusse, second fils du roi Frédéric Guillaume.

Der demonstrative Charakter des Denkmals wurde noch dadurch unterstrichen, daß Medaillons und ihre Inschriften achtundzwanzig preußische Kriegshelden ehrten, so daß August Wilhelm gewissermaßen zum ersten dieser Kriegshelden verklärt schien. Neben bekannten Generalen wie Seydlitz oder Zieten wurden Offiziere genannt, die durch Friedrich Ungnade und Zurücksetzung erfahren hatten. Ausgeschlossen blieb dagegen, wer nach Heinrichs Meinung ungerecht bevorzugt worden war, zum Beispiel Friedrichs Lieblingsgeneral Winterfeldt.*

Die Einweihung des Obelisken fand am 4. Juli 1791 statt. »Sie war militärische Feier und Volksfest zugleich. Aus allen Dörfern und Städten der Grafschaft war man zu Tausenden herbeigekommen und umstand entweder das Ufer des Sees oder war von zahllosen in seiner Mitte liegenden Booten aus Augenzeuge des Schauspiels. Das schönste Sommerwetter begünstigte das Fest. Um das Denkmal her gruppierten sich Hunderte von Offizieren, alte und junge, solche, die ›die große Zeit‹ noch miterlebt hatten oder Anverwandte jener, deren die Medailloninschriften gedachten. An die Feier der Enthüllung schloß sich dann, in den Sälen des Schlosses, ein

Pyramidenstumpf im Orangerieparterre, Grabmal Heinrichs

glänzendes Bankett, bei dem der Prinz eine längere, wohlausgearbeitete Rede hielt. Auch bei dieser Gelegenheit in französischer Sprache. Fast scheint es, als ob er der deutschen Rede nicht mächtig gewesen sei, was als wunderbares Resultat einer Erziehung gelten mag, die nur das Deutsche gewollt und alles Französische verpönt hatte.«*

In seiner Rede sagte Heinrich, wie stets diplomatisch, mit vornehmer Zurückhaltung, aber bei genauem Hinhören in der Stoßrichtung deutlich: »Allen Bewohnern der Städte wie des Landes, die in diesem Kriege die Waffen trugen, gebührt ein gleiches Recht an den Trophäen und Palmen des Sieges. Unter der Leitung ihrer Anführer weihten sie ihre Arme und ihr Blut ihrem Vaterlande. Sie haben es mit Mut und Kraft aufrecht erhalten und verteidigt. Unsere Absicht ist, der preußischen Armee ein Zeugnis unserer Dankbarkeit darzulegen. Den Eingebungen unseres Herzens folgend, wollen wir Beweise der Hochachtung insonderheit denjenigen geben, welche wir persönlich kannten. Aber warum vermißt man Friedrich unter der Zahl dieser berühmten Namen?

Die von diesem Könige selbst aufgesetzte Geschichte seines Lebens, die Lobschriften auf ihn nach seinem Tode, ließen mir nichts zu sagen übrig, wogegen große, mehr in der Dunkelheit geleistete Dienste seitens dieser Lobschriften nicht der Vergessenheit entzogen wurden, vielleicht nicht entzogen werden konnten. Denn die Zeit löscht alle Eindrücke aus, und der folgenden Generation fehlen die Zeugen der Taten der vorhergehenden. Das Andenken schwindet, die Namen gehen verloren, und die Geschichte bleibt nur ein unvollkommener Entwurf, oft zusammengefügt durch Trägheit und Schmeichelei.«

Den letzten Satz sollte man noch einmal lesen. Er könnte auf dem Gedenkstein des Mannes stehen, der ihn entworfen und – vielleicht mit einem hintergründigen Lächeln – gesprochen hat.

Am 3. August 1802 ist Prinz Heinrich in Rheinsberg gestorben. Er hat seine eigene Grabinschrift verfaßt.* Ihre Sprache mag uns fremd sein, aber wer genau genug und zwischen den Zeilen liest, erkennt die Umrisse eines Lebens, das zu Großem berufen schien und doch stets in den Schatten gebannt blieb:

Geworfen durch seine Geburt in den Wirbel eitlen Dunstes, welche der Gewöhnliche nennt

Ruhm und Größe
aber deren Nichtigkeit der Weise erkennt;
allen Übeln der Menschheit ausgesetzt,
gequält durch die Leidenschaften anderer,
aufgeregt durch die eigenen,
oft Ziel der Verleumdung
oder Opfer der Ungerechtigkeit,
niedergeschlagen noch durch den Verlust
geliebter Verwandter
sicherer und treuer Freunde;
aber auch oft getröstet durch die Freundschaft;
glücklich in der Abgeschiedenheit seiner Gedanken,
glücklicher,
wenn seine Dienste dem Vaterland nützlich sein konnten
oder der leidenden Menschheit.

Solches ist der Lebensabriß
von Friedrich Heinrich Ludwig,
Sohn Friedrich Wilhelms I., Königs von Preußen,
und von Sophie Dorothea,
Tochter Georgs I., Königs von Groß-Britannien.

Wanderer
erinnere dich, daß Vollkommenheit nicht auf Erden ist.
Wenn ich nicht habe sein können der beste der Menschen,
zum mindesten
gehöre ich nicht zu der Zahl der Bösen.

Das Lob oder der Tadel
berühren den nicht mehr,
welcher ruht in der Ewigkeit;
aber süße Hoffnung
verschönt die letzten Augenblicke
dessen, der seine Pflicht erfüllte;
sie begleitet mich ins Jenseits.

Rheinsberg heute – Hinweise für Besucher

Wer über die Schloßgartenbrücke auf der Hauptallee in den Park von Rheinsberg wandert, braucht nur wenige Schritte bis zum Orangerieparterre. Wendet man sich gleich dahinter nach links, so ist es ein ebenfalls kurzer Weg bis zum Heckentheater. Ungefähr in der Mitte zwischen diesem idyllischen Ort und dem Orangerieparterre befindet sich das Grabmal des Prinzen Heinrich. »Es besteht aus einer Pyramide aus Backstein«, lesen wir bei Fontane*, »um die sich ein schlichtes Eisengitter zieht. Der Prinz, in seinem Testamente, hatte die völlige Vermauerung dieser Pyramide angeordnet; man ging aber von dieser Anordnung ab und ließ einen Eingang offen. Im Jahre 1853 sah ich noch deutlich den großen Zinksarg stehen, auf dem ein rostiger Helm lag. Seitdem ist ein brutaler Versuch gemacht worden, eben diesen Sarg, in dem man Schätze vermutete, zu berauben, was nun, nachträglich noch, zur Erfüllung der Testamentsanordnung, will also sagen zur Vermauerung der Pyramide geführt hat.«

1945 hat das nicht mehr geholfen. Zwar blieb Rheinsberg von Bomben und Kämpfen gnädig verschont, aber nach dem Einmarsch der Sieger geschah Schlimmes. Im Schloß wurde geplündert, das Theater brannte aus, und das Grabmal des Prinzen wurde noch einmal brutal erbrochen und verwüstet. Der Zinksarg verschwand, Heinrichs sterbliche Hülle mit ihm. Sie ist wohl für immer verschollen.

Beinahe harmlos nimmt sich daneben aus, was Siegfried Matthus – heute ein Leiter des Rheinsberger Musiklebens – aus seiner Schulzeit berichtet: »Als ich 1948 nach Rheinsberg kam, stand vor dem Schloßparkeingang noch ein Denkmal Friedrichs II. An einem Morgen war es umgestürzt. Gerüchte gingen um, daß auch unsere Lehrer an der Tat beteiligt waren. Wir empfanden nichts Tadelnswertes daran – vielleicht sogar einen heimlichen Triumph, ein direktes Umstürzen der alten Zeit.«*

Der letzte Satz spiegelt nicht nur ein Schülerempfinden, sondern die damals herrschende Doktrin: Hinweg mit den Wahrzeichen einer nun endlich überwundenen, der feudalen und militaristischen Vergangenheit! Das Schloß selbst wurde, sozusagen besserungshalber, praktischer Nutzung zugeführt, erst als Kinder-, dann als Lehrlingsheim, schließlich für beinahe vierzig Jahre als Sanatorium. Spät erst begann eine Besinnung auf das »nationale Kulturerbe«. Immerhin hat wohl gerade die Nutzung das Rheinsberger Schloß vor dem Ruin bewahrt, dem so viele andere Baudenkmäler der DDR zum Opfer fielen. Verhältnismäßig früh schon wurden Dach- und Fassadenreparaturen vorgenommen, und seit den siebziger Jahren erfolgten größere Restaurierungen der Innenräume, ebenso Arbeiten zur Wiederherstellung des Parks.

Es versteht sich andererseits, daß die Alltagsnutzung des Schlosses schwere Schäden verursachte. Man denke nur an den Einbau von Waschbecken und an die DDR-übliche Überheizung vieler Räume. Das Vogeltapetenzimmer liefert ein Beispiel der Gefährdung. »Ebenso gefährdet«, hieß es in einem kritischen Zustandsbericht von Inge Senst, »sind die illusionistischen Grottenmalereien in den beiden gewölbten Erdgeschoßräumen westlich des Billardsaals. Die 1771 von Friedrich Reclam ausgemalten Grottenräume mit Ausblick auf einen Wasserfall und einem antiken Ruinengewölbe mit Reliefs und Skulpturen wurden 1950 übermalt und im unteren Teil durch die Anbringung von Fliesen zerstört. Der tägliche Umgang mit Wasser in diesen für Physiotherapie eingerichteten Räumen ist die Ursache für aufsteigende Feuchtigkeit im Mauerwerk (sichtbare Putzausblühungen) und wirkt sich äußerst schädlich auf die Wandmalereien aus.«* Ein Stockwerk höher, im Schlafzimmer des Prinzen Heinrich, befand sich die Essensausgabe. Diese Nutzung »schließt eine

Weiterführung der Restaurierungsarbeiten aus«, sagte der Zustandsbericht so knapp wie düster.* Im Jahre 1991 konnte man noch die Waagen sehen, mit denen den Diabetikern ihre Rationen zugemessen wurden.

Genug! Das Schild mit der Aufschrift:

Diabetiker-Sanatorium
»Helmut Lehmann«
– kein Durchgang –
Keine Schloßbesichtigung
Weg nur für Patienten

– dieses Schild ist in der Abstellkammer verschwunden, nun selbst schon als das Wahrzeichen einer überwundenen Zeit.* Am 1. April 1991 wurden Schloß und Park von der Verwaltung der Staatlichen Schlösser und Gärten in Potsdam übernommen, und bereits wenige Wochen später, am 6. Mai, konnte man die ersten Räume zum Besuch freigeben. Schloßbesichtigungen sind inzwischen – außer an Montagen – im Sommerhalbjahr von 9.30 Uhr bis 17 Uhr, im Winter bis 16 Uhr möglich.

Bis das gesamte Schloß sich in gutem Zustand darstellt, werden Mauer für Mauer und Raum um Raum allerdings noch viele Jahre geduldiger Arbeit nötig sein. Ohnehin begrenzt Geldmangel das Wünschenswerte; er läßt etwa den Wiederaufbau des Theaters in eine unbestimmte Ferne rücken. Ebenso ist beim Obelisken am gegenüberliegenden Seeufer vorerst nicht damit zu rechnen, daß die Gedenktafeln mit den Texten des Prinzen Heinrich erneuert werden. Aber zum Beispiel in Friedrichs Studierstube im Klingenbergturm wurde die Restaurierung im Sommer 1992 abgeschlossen, und der Spiegel- oder Konzertsaal mit dem Deckengemälde von Antoine Pesne kann nicht nur besichtigt, sondern für Veranstaltungen genutzt werden. Im übrigen sollten Besucher von Rheinsberg nicht achtlos an der St. Laurentius-Kirche vorübergehen, deren Sehenswürdigkeiten schon Fontane geschildert hat.*

Wer, statt gemächlich durchs Land zu rollen, von Süden oder von Norden her die Autobahn benutzt, sollte sie über die Ausfahrt Neuruppin verlassen und erst einmal in der Fontanestadt Station machen. Eile ist nicht geboten: Von dort aus bis Rheinsberg braucht man kaum dreißig Minuten. Wer sich dagegen in Berlin aufhält und auf öffentliche Verkehrsmittel angewiesen ist, kann mit dem Vorortverkehr zunächst bis Oranienburg gelangen und von dort aus die Bahn oder Busse benutzen. Aber die Vorteile des eigenen oder gemieteten Autos sind offenkundig, wenn man den Wäldern und Seen, den Schlössern und Kirchen der nördlichen Mark Brandenburg ein paar Tage widmen will. Dann ließe sich – zum Beispiel – im frisch herausgeputzten »Märkischen Hof« von Neuruppin Quartier beziehen. Die Stadt selbst bietet Sehenswertes*, und Kreuzfahrten auf dem Ruppiner See mit der »Theodor Fontane« oder der »Karl Friedrich Schinkel« verheißen Erholung. Im Süden locken Orte wie das Zietensche Wustrau und jenseits von Fehrbellin die Gedenkstätten kurfürstlich brandenburgischen Ruhms. Nach Osten, auf der Bundesstraße nach Eberswalde, braucht man wenig mehr als eine Autostunde bis ins einzigartige Landschaftsgebiet der Schorfheide.

Natürlich gibt es auch in oder bei Rheinsberg Hotels. Da sie sich vielfach noch im Um- oder Neubau befinden, sollte man sich beim »Fremden-Verkehrs-Verein Rheinsberger Seenkette e.V.« nach dem Stand der Dinge erkundigen oder dort ein Privatquartier bestellen (Telefon – nach derzeitigem Stand – 20 59, Vorwahl 03 39 31); das Büro befindet sich nahe beim Eingang zum Schloß auf der Marktseite des Kavalierhauses.

Verläßt man das Schloßgelände zum Markt hin, ermüdet von der Besichtigung und ausgehungert nach einem unversehens ins Weite geratenen Spaziergang durch den Park, so sieht man gleich gegenüber den Ratskeller, von dem schon Fontane mit Behagen, Andrew Hamilton allerdings mit Ab-

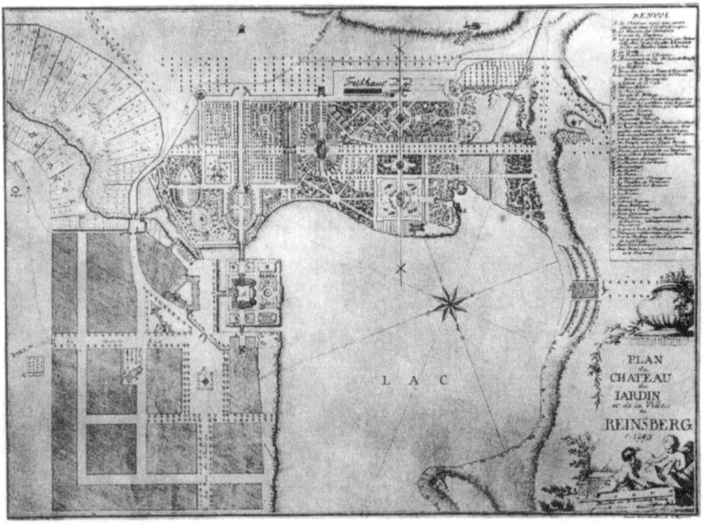

Lageplan von Schloß und Park Rheinsberg, um 1790

scheu erzählte. Weitere Restaurants und Cafés findet man ebenfalls am Markt und – unmittelbar angrenzend – in der See-, der Schloß- oder der Mühlenstraße. Am Ende der Seestraße befindet sich die Anlegestelle, von der aus die stolzen Schiffe der »Weißen Flotte« zu Rundfahrten einladen; nur wenige Schritte weiter erreicht man den Bootsverleih.

Schließlich, aber nicht zuletzt sollte man sich daran erinnern, daß Rheinsberg schon in den Tagen Friedrichs und des Prinzen Heinrich ein Ort der Musik war. Heute beherbergt das Kavalierhaus die Landes-Musikakademie. Unter Leitung des Komponisten Siegfried Matthus studieren dort begabte junge Musiker klassische und moderne Werke ein und führen sie auf. Neben den Rheinsberger Musiktagen zu Pfingsten ist besonders das Festival für Kammeropern im Juli und August zu nennen. Sogar die Kirche bietet »geistliche Sommermusik«.

Alles in allem: Rheinsberg lohnt eine Reise. In einer ganz eigenen Komposition, als Heiterkeit über Abgründen, erfahren wir Geschichte. Doch wir erfahren sie nicht abstrakt, sondern in faßbaren Gestalten. Sie begegnet uns in den Menschen, die sie machten – und erlitten. Darum gilt am Ende, wenngleich auf besondere Weise, was Fontane gesagt hat: »Du wirst, wenn du heimkehrst, nichts Auswendiggelerntes gehört haben wie auf den großen Touren, wo alles seine Taxe hat; der Mensch selber aber wird sich vor dir erschlossen haben. Und das ist doch immer das Beste.«*

Anmerkungen

Vorwort

Seite 8 Sebastian Haffner, Preußen ohne Legende, Hamburg 1978, S. 84. – Im Zusammenhang heißt es bei Haffner: »Pflichterfüllung wurde in Preußen das erste und oberste Gebot und zugleich die ganze Rechtfertigungslehre: Wer seine Pflicht tat, sündigte nicht, mochte er tun was er wollte. Ein zweites Gebot war, gegen sich selbst gefälligst nicht wehleidig zu sein; und ein drittes, schon schwächeres, sich gegen seine Mitmenschen – vielleicht nicht geradezu gut, das wäre übertrieben, aber: anständig zu verhalten. Die Pflicht gegen den Staat kam zuerst. Mit diesem Religionsersatz ließ sich leben, und sogar ordentlich und anständig leben – solange der Staat, dem man diente, ordentlich und anständig blieb. Die Grenzen und Gefahren der preußischen Pflichtreligion haben sich erst unter Hitler gezeigt.«

Die Idylle im Abseits

Seite 15 Theodor Fontane, Wanderungen durch die Mark Brandenburg, Erster Band: Die Grafschaft Ruppin, S. 243. – Hier und im folgenden werden die »Wanderungen« nach der fünfbändigen Ausgabe der Nymphenburger Verlagsbuchhandlung, München 1971 und 1977, zitiert.

Seite 15 Andrew Hamilton, Rheinsberg – Das Schloß, der Park, Kronprinz Fritz und Bruder Heinrich, herausgegeben von Franz Fabian, Berlin und Weimar 1992, S. 176; deutsche Erstausgabe in zwei Bänden, Berlin 1882. – Ironisch sagt Hamilton von den Werbern für einen märkischen Tourismus: »Das Haupt dieser Sekte ist sicherlich Fontane mit seinen prächtigen Bänden ›Wanderungen durch die Mark Brandenburg‹. Indessen geht er nicht ganz so weit wie einige seiner Anhänger (Gymnasiallehrer, die ihre Ferienausflüge herausgeben). Man möchte übrigens glauben, daß weder seine noch der letzteren Worte sehr tief eingedrungen sind.« (S. 175).

Seite 16f. Fontane, Wanderungen, a. a. O., S. 249.

Seite 18ff. Hamilton, a.a.O., S. 39f. – Wenn auch Einzelheiten ungenau bleiben – Rheinsberg wurde nicht 1634, sondern 1635 fast vollständig niedergebrannt –, dann malt die Schilderung insgesamt doch ein völlig zutreffendes Bild.

Seite 20 Verheerende Brände gehören zur Chronik beinahe jeder älteren Stadt, von der meist drangvoll engen Bebauung, den weithin vorherrschenden Baumaterialien Holz und Stroh und den kärglichen Löschmitteln bedingt. Für die Nachbarstadt Neuruppin schlug die Schreckensstunde im Jahre 1787. Dort ist dann nach den Plänen des Königlichen Baudirektors Bernhard Matthias Brasch ein besonders eindrucksvolles, sehr preußisch anmutendes Bauensemble entstanden. Siehe vom Verfasser: Fahrten durch die Mark Brandenburg, Stuttgart 1991, S. 143ff.

In Rheinsberg dagegen handelt es sich – bei seinerzeit wenigen hundert Einwohnern, nach heutigen Maßstäben bloß ein mittelgroßes Dorf – nur um den Marktplatz und wenige angrenzende Straßenzüge.

Seite 23 Hamilton, a.a.O., S. 47.

Seite 24 Fontane, Der Stechlin, Neunzehntes Kapitel.

Seite 24 Fontane, Wanderungen, a.a.O., S. 254.

Seite 25 Heinz Knobloch, Stadtmitte umsteigen, 1982; hier zitiert nach: Das stille Schloß am Boberow-Walde – Rheinsberg in Literatur und Kunst, herausgegeben vom Rat der Stadt Rheinsberg, 1984, S. 11.

Das Schloß und der Park

Seite 27 Es sei hier ein Vorfall erwähnt, der sich zwei Jahrhunderte später zutrug. In den dreißiger Jahren drängte Hermann Göring einen Herrn von Wedel zum Verkauf seines Gutes, das am Rande der Schorfheide lag. Ein einflußreicher Jurist aus altpreußischer Familie, den Herr von Wedel um Beistand bat, entzog sich mit dem Hinweis, das sei eben des Landes so Brauch: »Einem seiner Vorfahren habe Schloß Rheinsberg gehört ... Diesem Vorfahren habe Friedrich Wilhelm I. eine knappe Order zugehen lassen, er habe Rheinsberg gegen eine niedrige Entschädigung, die der König in dem Schreiben auch gleich festgesetzt habe, abzutreten – dergleichen sei in solchen Zeiten ganz üblich«. Auch Herr von Wedel mußte verkaufen und wurde mit einem Besitz im gerade »befreiten« Sudetenlande abgefunden. – Siehe zur näheren Darstellung: Wedelsche Häuser im Osten, im Auftrag der Familie herausgegeben von Ludolf v. Wedel-Parlow-Polssen. Jever in Oldenburg 1961, S. 154ff.

Seite 28 Zum Jagdschloß Stern siehe vom Verfasser: Fahrten durch die Mark Brandenburg, Stuttgart 1991, S. 51ff.

Seite 30 Zur näheren Darstellung sei vorab ein »klassisches« Buch genannt: Beschreibung des Lustschlosses und Gartens Sr. Königl. Hoheit des Prinzen Heinrichs, Bruder des Königs, zu Rheinsberg, wie auch der Stadt und der Gegend um dieselbe; Berlin bey Friedrich Nicolai 1778. Unveränderter Nachdruck Potsdam 1985. Autor war der damalige Hofintendant und Baumeister Carl Wilhelm Hennert; sein Werk bildet unsere wichtigste und unersetzbare Quelle. Aus den neueren Arbeiten sei hervorgehoben: Hans-Günter Kupsch, Rheinsberg, Leipzig 1960. Für die neueste Zeit sei noch auf eine Broschüre mit informativem Bildmaterial hingewiesen: Helft, Rheinsberg, das Wasserschloß und die barocke Kleinstadt in der Mark Brandenburg zu restaurieren – Ein Appell der Deutschen Gesellschaft, veröffentlicht von der Kulturstiftung der Länder, Berlin 1990.

Seite 31 Fontane behauptet, daß in diesem Konzertsaal »unter Leitung Grauns und unter Mitwirkung des Kronprinzen die klassischen Kompositionen jener Epoche zur Aufführung kamen«; er erwähnt aber selbst den Konzertraum im älteren Schloßteil.

Seite 33 Fontane, Wanderungen, a. a. O., S. 251.

Seite 34 Der (Männer-)Fuß galt als »natürliches« Längenmaß – aber nach welcher Schuhgröße? Allein in Deutschland gab es viele Dutzend unterschiedlicher Abmessungen. Der rheinländische oder preußische Fuß betrug 31,385 Zentimeter.

Seite 34 Hier wurde ganz deutlich, daß es sich um die Raumausstattung nicht zu Friedrichs, sondern zu Heinrichs Zeit handelt. Denn Diderot (geboren 1713) und Rousseau (geboren 1712) wurden erst seit 1750 bekannt, lange nachdem Friedrich Rheinsberg verlassen hatte.

Seite 36 Fontane, a.a.O., S. 254ff.

Seite 37 Als nützlich zur Orientierung, nicht zuletzt dank der beigefügten Planskizzen, erweist sich ein ehemaliger Ausstellungskatalog: Rheinsberg – Eine märkische Residenz des 18. Jahrhunderts; Ausstellung zur 650-Jahrfeier der Stadt Rheinsberg 1985, durchgesehene Neuauflage, herausgegeben von der Generaldirektion der Staatlichen Schlösser und Gärten Potsdam-Sanssouci 1990.

Seite 39 Zitiert nach Kupsch, Rheinsberg, a.a.O., S. 89f.

Seite 39 Beschreibung des Lustschlosses und Gartens Sr. Königl. Hoheit des Prinzen Heinrichs ..., a.a.O., S. 83f.

Die vier glücklichen Jahre

Seite 43 Der seltsame Titel, den sich Kurfürst Friedrich III. als Friedrich I. 1701 mit kaiserlicher Zustimmung zulegte, deutete auf Ostpreußen als das Territorium hin, das außerhalb der alten Reichsgrenzen lag. Erst 1772, als mit der ersten polnischen Teilung auch Westpreußen als ehemaliges Ordensland gewonnen war, wurde der Titel in »König von Preußen« geändert.

Seite 43 Ein Besuch, eine Art Familienausflug auf Wunsch der Königinmutter Sophie Dorothea, fand noch 1746 statt. Es handelte sich jedoch nur um einen Kurzbesuch von wenigen Tagen.

Seite 45 Karl Ludwig Freiherr von Pöllnitz, Abenteuerer und Memoirenschreiber, diente seit 1735 am preußischen Hof als Unterhalter, Zeremonien-meister und Arrangeur von Festlichkeiten und Lustreisen.

Seite 45 Hamilton, a.a.O., S. 58.

Seite 54 Der Lehrer war Jacques Egide Duhan de Jandun, ein Hugenotte, dem Friedrich bis zum Tode Duhans im Jahre 1747 in Freundschaft verbunden blieb.

Seite 55 Man hat über Friedrichs Motive bei diesem Kreuzzug wider den »Machiavellismus« gerätselt: Führte der Idealismus eines Weltverbesserers dem jungen Mann die Feder? Oder handelte es sich um ein Täuschungsmanöver des künftigen Eroberers? War der Ehrgeiz im Spiel, sich als Literat und politischer Philosoph einen Namen zu machen? Vielleicht eine Mischung aus alledem, widerspruchsvoll genug. Wahrscheinlich trifft Ludwig Reiners einen Kern, wenn er sagt, das Buch habe Friedrich wichtige Dienste geleistet: »Er hat sich alle seine philosophischen Skrupel gegen Waffenruhm und Eroberung vom Herzen schreiben können; jetzt ist er sie los und bald wird die Welt es erfahren«. (Reiners, Friedrich, Ausgabe München 1980, S. 90).

Seite 58 Hellmuth von Ulmann, Beinahe ein König – Das seltsame Leben des Prinzen Heinrich von Preußen, Bruder Friedrichs des Großen, Taschenbuch Hamburg 1986.

Seite 59 Georg Wilhelm Friedrich Hegel, Vorlesungen über die Philosophie der Geschichte, Vierter Teil, Dritter Abschnitt, Drittes Kapitel: Die Aufklärung und die Revolution.

Seite 65 Mémoires de Frédérique Sophie Wilhelmine Margrave de Baireuth 1709–1742, 2 Bände, 1810; deutsch 1810/11 und öfter.

Seite 70 Hamilton, a.a.O., S. 111ff.

Seite 72 Zitiert nach Hamilton, a.a.O., S. 120f.

Seite 73 Heinrichs »Projekt« war, durch eine große europäische Bildungsreise – vorab natürlich nach Frankreich – sich vom Druck des königlichen Bruders zu befreien, und dies unter dem Vorwand, das Heerwesen anderer Staaten studieren zu wollen. – Europäische Bildungsreisen waren für junge Leute von Stand durchaus üblich. Darum ist es bemerkenswert, wie wenig Friedrich und seine Brüder als junge Prinzen ins Ausland gereist sind, nicht einmal in die Niederlande, denen sich das Haus Hohenzollern durch den Calvinismus traditionell verbunden fühlte und in denen der Große Kurfürst und der Soldaten-könig lebensprägende Eindrucke empfangen hatten. Heinrich ist erst im reifen Mannesalter nach St. Petersburg und noch später nach Paris gekommen.

Seite 73 A.a.O., S. 118.

Seite 75 Phaeton, in der griechischen Mythologie der Sohn des Sonnengottes Helios, wollte den Sonnenwagen lenken, aber die Pferde gingen ihm durch; um dem Unheil, das er anrichtete, ein Ende zu machen, schleuderte Zeus einen Donnerkeil, der den Jüngling aus dem Wagen warf und brennend zur Erde stürzen ließ.

Seite 78 Fontane, Wanderungen, a.a.O., S. 258.

Seite 79 A.a.O., S. 259.

Seite 81 Der Sachverhalt ließe sich auch an der Beziehung Friedrichs zu Voltaire darstellen. In der Nähe, beim Aufenthalt Voltaires in Potsdam zwischen 1750 und 1753, schlug diese Beziehung nach der anfänglichen Begeisterung bald in Ernüchterung um und trieb dann unaufhaltsam ihrer Katastrophe zu. Am Ende verließ Voltaire Potsdam beinahe fluchtartig, um seine Unab-hängigkeit zu retten. Schon vorher schrieb er an seine Nichte: »Ich werde mir zu meiner Belehrung ein kleines Wörterbuch für Könige zusammenstellen. ›Mein Freund‹ heißt ›mein Sklave‹. ›Mein lieber Freund‹ heißt ›Du bist mir mehr als gleichgültig‹. ›Ich werde Sie glücklich machen‹ bedeutet ›Ich werde Sie dulden, solange ich Sie brauche‹.« Der Flucht folgte eine Flut wechselseitiger Anschuldigungen und Verleumdungen. Friedrich schrieb an seine Schwester Wilhelmine: »Er ist der schlimmste Schurke auf der Welt. Du wirst staunen, was er hier alles an fragwürdigen Machenschaften, Doppelzüngigkeit und Bosheit verübt hat. Viele Verbrecher, die aufs Rad geflochten werden, verdienen ihr Geschick weniger als er.«
Wie um das Urteil zu bestätigen, verfaßte Voltaire ein Pamphlet, in dem er mit unmißverständlichen Zweideutigkeiten auf Friedrichs Neigung zu jungen Offizieren oder schönen Pagen, zu einer Ballerina wegen ihrer männlich wirkenden Beine und zu dem »grand factotum« Fredersdorf anspielte, der

»dem König auf mehr als eine Weise gedient« habe. Man sollte meinen, daß damit das Tischtuch für immer zerschnitten war. Doch der Briefwechsel lebte nach einiger Zeit wieder auf und dauerte fort bis zum Tode Voltaires im Jahre 1778. Danach verfaßte Friedrich eine ehrende Gedenkrede ohne Mißklang. Der große König und der große Intellektuelle bedurften eben der Distanz, um sich ertragen zu können. Um noch ein Beispiel wenigstens anzudeuten: Der Schwager Friedrichs, Herzog Ferdinand von Braunschweig, konnte im Siebenjährigen Krieg sein Feldherrentalent voll entfalten, weil er fernab im Westen mit englischer Unterstützung seinen eigenen Krieg gegen Franzosen und Reichsarmee führte. Er wurde zum Feldmarschall ernannt – ein Titel, der dem Prinzen Heinrich nie zuteil wurde. Später aber, als Gouverneur von Magdeburg dem König direkt unterstellt, überwarf er sich mit Friedrich.

Rheinsberg als Exil

Seite 86 Zu den bekanntesten Episoden gehörte Friedrichs Befehl an den Obersten von der Marwitz, das sächsische Schloß Hubertusburg zu plündern. Marwitz verweigerte den Befehl als unehrenhaft. Auf seinem Grabstein im märkischen Friedersdorf, südlich von Seelow, findet man noch heute die berühmte Inschrift: »Wählte Ungnade, wo Gehorsam nicht Ehre brachte.«
(Siehe dazu vom Verfasser: Fahrten durch die Mark Brandenburg. Stuttgart 1991, S. 308ff.). Kaum zufällig hat auch Prinz Heinrich auf seinem Rheinsberger Obelisken, der preußischen Helden gewidmet war, Marwitz – allerdings mit sachlich fehlerhafter Inschrift – ein Gedenken gewidmet.

Seite 88 Siehe zum Thema: Richard Krauel, Prince Henry of Prussia and the Regency of the United States, 1796. In: American Historical Review, Vol. 17, 1911/12, No. 1, S. 44ff. Siehe ferner: J.M. Palmer, General von Steuben, Port Washington 1966, S. 341f.

Seite 89 Die Stimmung in den gehobenen Kreisen Berlins beim Tode Friedrichs hat Mirabeau eingefangen, als er berichtete: »Es herrscht Totenstille, aber keine Trauer; man zeigt sich benommen ohne Kummer. Man sieht in kein Gesicht, das nicht den Ausdruck von Erleichterung, von Hoffnung trüge. Kein Bedauern wird laut, man hört keinen Seufzer, kein lebendes Wort. Ist das das Ergebnis so vieler Schlachten, so großen Ruhms? Ist das der Ausgang einer fast ein halbes Jahrhundert dauernden Regierung, die so reich war an großen Taten? Alle Welt wünschte ihr Ende herbei, alle Welt beglückwünschte sich dazu.«

Seite 89 Honoré Gabriel de Riqueti, Graf von Mirabeau, Geheime Geschichte des Berliner Hofes oder Briefwechsel eines reisenden Franzosen, vom 5. Jul. 1786 bis den 19. Jenn. 1787, 2 Bände, Cölln 1789. Hier: Band 1, S. 70.

Seite 90 Fontane, Wanderungen, a.a.O., S. 272.

Seite 91 Nach anderen Angaben handelte es sich um eine Halbschwadron mit vierzig Husaren, eine Art Ehrengarde für den Feldherren des Siebenjährigen Krieges, die den Residenz-Charakter von Rheinsberg unterstrich. Der Einsatz von Husaren für solche Ehrendienste war damals üblich, auch beim König selber; in den Armen seines Kammerhusaren ist Friedrich gestorben.

Seite 91 Hamilton, a.a.O., S. 144f. und 149.

Seite 93 Fontane, Wanderungen, a.a.O., S. 274ff.

Seite 95 Die Erinnerungen des Grafen Henckel von Donnersmarck wurden hier zitiert nach Hamilton, a.a.O., S. 165f. – Die älteste Tochter aus der so seltsam geschlossenen Ehe, Ottilie von Pogwisch, heiratete später Goethes unglücklichen Sohn August; sie lebte bis 1872.

Seite 97 Fontane, Wanderungen, a.a.O., S. 275.

Seite 98 Hans-Joachim Giersberg, Vorwort, S. 6, zu: Rheinsberg – Eine märkische Residenz des 18. Jahrhunderts; Ausstellung zur 650-Jahrfeier der Stadt Rheinsberg 1985, durchgesehene Neuauflage, herausgegeben von der Generaldirektion der Staatlichen Schlösser und Gärten Potsdam-Sanssouci 1990.

Seite 98 Fontane, Wanderungen, a.a.O., S. 257.

Seite 99 A.a.O., S. 282.

Seite 99 A.a.O., S. 290. – Auf den folgenden Seiten skizziert Fontane die seltsame Lebensgeschichte des Grafen und der Gräfin La Roche-Aymon in Rheinsberg und danach.

Seite 100 A.a.O., S. 283.

Seite 100 A.a.O., S. 284.

Seite 102 A.a.O., S. 263. – Auf den folgenden Seiten gibt Fontane eine genaue Beschreibung des Obelisken und führt in deutscher Übersetzung alle Inschriften auf

Seite 102 Es scheint freilich, als habe Friedrich auch darin über Heinrich triumphiert, daß er seine Wertungen durchsetzte. In der Brockhaus Enzyklo-pädie von 1974 heißt es beispielsweise über Winterfeldt, daß er zu den geistig befähigtsten Offizieren der friderizianischen Armee gehörte und entscheidenden Anteil an dem Feldzugsplan von 1757 hatte. Daß dieser Feldzugsplan höchst fragwürdig war und katastrophal scheiterte – in mancher Hinsicht dem Schlieffenplan vergleichbar, mit dem das Kaiserreich den Ersten Weltkrieg eröffnete – bleibt unerwähnt.

Seite 103 Fontane, Wanderungen, a.a.O., S. 276.

Seite 104 Das Original war natürlich in französischer Sprache verfaßt; man findet es bei Fontane, a.a.O., S. 261f.

Rheinsberg heute – Hinweise für Besucher

Seite 106 Fontane, Wanderungen, a.a.O., S. 261.

Seite 107 Damals in Rheinsberg, in: Das stille Schloß am Boberow-Wald – Rheinsberg in Literatur und Kunst, herausgegeben vom Rat der Stadt Rheinsberg, 1984, S. 55.

Seite 107 Zur Restaurierung des Rheinsberger Schlosses, in: Denkmale in Berlin und in der Mark Brandenburg – Schriften zur Denkmalpflege in der DDR, herausgegeben vom Institut für Denkmalpflege Berlin, Weimar 1988, S. 284.

Seite 108 A.a.O., S. 282.

Seite 108 Die Frage, wer eigentlich Helmut Lehmann war, ergab merkwürdig vage Antworten. »Wohl ein Arzt, der sich um den Aufbau der Sozialversicherung Verdienste erwarb ...« Es scheint dringend geboten, daß Dokumente und Erinnerungen zur Sanatoriumszeit gesammelt werden, schließlich wird sie auch einmal zur Schloßgeschichte gehören, die den Besuchern nicht vorenthalten werden sollte.

Seite 108 Fontane, Wanderungen, a.a.O., S. 246ff.

Seite 109 Siehe dazu vom Verfasser: Eine preußische Stadt: Neuruppin, in: Fahrten durch die Mark Brandenburg, Stuttgart 1991, S. 143ff.

Seite 111 Fontane, Wanderungen, a.a.O., S. 10. Vorwort zur zweiten Auflage.

Bildnachweis

Berlin Museum (Hans Joachim Bartsch): S. 64
Bildarchiv Marburg: S. 110
Brandenburgisches Landesamt für Denkmalpflege: S. 32, 97
Sächsische Landesbibliothek Dresden,
Abt. Deutsche Fotothek: S. 36
Stiftung Schlüsser und Gärten Potsdam-Sanssouci: S. 31, 44, 51, 76, 84
Verlagsarchiv: S. 12, 38, 49, 71, 80, 82
Alle hier angeführten Aufnahmen schuf Gerhard Murza, Berlin

Christian Graf von Krockow im dtv

»Wenn ich Bücher schreibe, möchte ich Geschichten erzählen.«
Christian Graf von Krockow

Die Stunde der Frauen
Bericht aus Pommern
1944 bis 1947
dtv 30014
Christian Graf von Krockow erzählt die dramatischen Erlebnisse seiner Schwester in der Zeit des Kriegsendes und der Besetzung Pommerns durch die Russen und Polen.

Die Reise nach Pommern
Bericht aus einem verschwiegenen Land
dtv 30046
Eine Reise des Autors läßt noch einmal die Geschichte seiner Heimat Pommern erstehen. Das Buch ist zugleich ein Beitrag zu Vernunft und Ausgleich für die Zukunft von Deutschen und Polen.

Friedrich der Große
Ein Lebensbild
dtv 30342
Christian Graf von Krockow zeichnet in diesem Essay ein lebendiges Bild des Menschen Friedrich, das lange Zeit vom Glanz und vom Nachruhm des Königs nahezu verdeckt war.

Fahrten durch die Mark Brandenburg
Wege in unsere Geschichte
dtv 30381
Ein literarischer Reisebericht auf den Spuren Fontanes.

Begegnung mit Ostpreußen
dtv 30493
Eine Reise in die Vergangenheit und Gegenwart Ostpreußens. Keine Chronik, sondern eine Liebeserklärung an Ostpreußen.

„Unser Kaiser"
Glanz und Sturz der Monarchie
dtv 30539
Eine brillante Analyse der letzten deutschen Monarchie und ihres Kaisers.

Deutsche Geschichte der neuesten Zeit im dtv

Herausgegeben von Martin Broszat, Wolfgang Benz und Hermann Graml in Verbindung mit dem Institut für Zeitgeschichte, München.

Peter Burg
Der Wiener Kongreß
dtv 4501

Wolfgang Hardtwig
Vormärz
dtv 4502

Hagen Schulze
Der Weg zum Nationalstaat
dtv 4503

Michael Stürmer
Die Reichsgründung
dtv 4504

Wilfried Loth
Das Kaiserreich
dtv 4505

Richard H. Tilly
Vom Zollverein zum Industriestaat
dtv 4506

Helga Grebing
Arbeiterbewegung
dtv 4507

Hermann Glaser
Bildungsbürgertum und Nationalismus
dtv 4508

Michael Fröhlich
Imperialismus
dtv 4509

Gunther Mai
Das Ende des Kaiserreichs
dtv 4510

Klaus Schönhoven
Reformismus und Radikalismus
dtv 4511

Horst Möller
Weimar
dtv 4512

Peter Krüger
Versailles
dtv 4513

Corona Hepp
Avantgarde
Moderne Kunst, Kulturkritik und Reformbewegungen nach der Jahrhundertwende
dtv 4514

Fritz Blaich
Der Schwarze Freitag
dtv 4515

Deutsche Geschichte der neuesten Zeit im dtv

Martin Broszat
Die Machtergreifung
dtv 4516

Norbert Frei
Der Führerstaat
dtv 4517

Bernd-Jürgen Wendt
Großdeutschland
Außenpolitik und Kriegsvorbereitung des Hitler-Regimes · dtv 4518

Hermann Graml
Reichskristallnacht
dtv 4519

Hartmut Mehringer
Emigration und Widerstand
dtv 4520

Lothar Gruchmann
Totaler Krieg
dtv 4521

Wolfgang Benz
Potsdam 1945
dtv 4522

Wolfgang Benz
Die Gründung der Bundesrepublik
dtv 4523

Dietrich Staritz
Die Gründung der DDR
dtv 4524

Kurt Sontheimer
Die Adenauer-Ära
dtv 4525

Ludolf Herbst
Option für den Westen
dtv 4527

Peter Bender
Die »Neue Ostpolitik« und ihre Folgen
Vom Mauerbau bis zur Vereinigung
dtv 4528

Thomas Ellwein
Krisen und Reformen
Die Bundesrepublik seit den sechziger Jahren
dtv 4529

Helga Haftendorn
Sicherheit und Stabilität
Außenbeziehungen der Bundesrepublik zwischen Ölkrise und NATO-Doppelbeschluß
dtv 4530

Literatur und Geschichte zum Nachschlagen

Herbert A. und
Elisabeth Frenzel
Daten deutscher Dichtung
Chronologischer Abriß der deutschen Literaturgeschichte in 2 Bänden
Band 1
Von den Anfängen bis zum jungen Deutschland
dtv 3003
Band 2
Vom Realismus bis zur Gegenwart
dtv 3004

Horst Dieter Schlosser
dtv-Atlas zur deutschen Literatur
dtv 3219

Leopold Hirschberg
Der Taschengoedeke
Bibliographie deutscher Erstausgaben
dtv 3026

Der Kleine Pauly
Lexikon der Antike
Herausgegeben von Konrat Ziegler, Walther Sontheimer und Hans Gärtner
5 Bände
dtv 5963

Michael Grant und
John Hazel
Lexikon der antiken Mythen und Gestalten
Mit 390 Abbildungen, Stammbäumen und Karten
dtv 3181

Klaus-Jürgen Matz
Wer regierte wann?
Regententabellen zur Weltgeschichte
dtv 3294

Werner Hilgemann und
Hermann Kinder
dtv-Atlas zur Weltgeschichte
2 Bände
dtv 3001 und
dtv 3002

Konrad Fuchs und
Heribert Raab
Wörterbuch zur Geschichte
dtv 3364

Georg Denzler und
Carl Andresen
Wörterbuch Kirchengeschichte
dtv 3245

Geschichte des 20. Jahrhunderts im dtv

Erich Angermann
Die Vereinigten Staaten von Amerika seit 1917
dtv 4007

Peter Bender
Episode oder Epoche?
Zur Geschichte des geteilten Deutschland
dtv 4686

Martin Broszat
Der Staat Hitlers
dtv 4009

Marion Gräfin Dönhoff
Namen, die keiner mehr nennt
dtv 30079

Juan Pablo Fusi
Franco
Spanien unter der Diktatur 1936-1975
dtv 4576

Lothar Gruchmann
Der Zweite Weltkrieg
dtv 4010

Gerd Hardach
Der Marshall-Plan
Auslandshilfe und Wiederaufbau in Westdeutschland 1948-1952
dtv 4636

Helmut Heiber
Die Republik von Weimar
dtv 4003

Hans Graf von Lehndorff
Menschen, Pferde, weites Land
Kindheits- und Jugenderinnerungen
dtv 30074

Hans Graf von Lehndorff
Ostpreußisches Tagebuch
Aufzeichnungen eines Arztes 1945-1947
dtv 30094

Heinrich Potthoff
Die „Koalition der Vernunft“
Deutschlandpolitik in den 80er Jahren
dtv 2974

Gerhard u. Nadja Simon
Verfall und Untergang des sowjetischen Imperiums
dtv 4598

Tagebuch aus Moskau 1931-1939
Hrsg. von Jochen Hellbeck
dtv 2971

Hermann Weber
Geschichte der DDR
dtv 4430

Frauen, die Geschichte machten

Régine Pernoud
Königin der Troubadoure
Eleonore von Aquitanien
dtv 30042

Régine Pernoud
Herrscherin in bewegter Zeit
Blanca von Kastilien, Königin von Frankreich
dtv 30359

Régine Pernoud
Heloise und Abaelard
Ein Frauenschicksal im Mittelalter · dtv 30394

Régine Pernoud
Christine de Pizan
Das Leben einer außergewöhnlichen Frau und Schriftstellerin im Mittelalter
dtv 30631

Gertrud Fussenegger
Maria Theresia
dtv 30419

Isabel de Madariaga
Katharina die Große
Das Leben der russischen Kaiserin
dtv 30562

André Maurois
Das Leben der George Sand
dtv 30456

Elizabeth Gaskell
Das Leben der Charlotte Brontë
dtv 20048

Eva Weissweiler
Clara Schumann
Eine Biographie
dtv 30334

dtv

Gegen das Vergessen
Taschenbücher zum Dritten Reich

Robert Antelme
Das Menschengeschlecht
Als Deportierter in Deutschland
dtv 11279

Inge Deutschkron
Ich trug den gelben Stern
dtv 30000

Inge Deutschkron
Mein Leben nach dem Überleben
dtv 30460

Ich kam allein
Der rettende Transport jüdischer Kinder nach England 1938/39
Herausgegeben von Rebekka Göpfert
dtv 30439

Jizchak Katzenelson / Wolf Biermann
Großer Gesang vom ausgerotteten jüdischen Volk
dtv 12233

Ruth Klüger
weiter leben
Eine Jugend
dtv 12261 und
dtv großdruck 25106

Christian Graf von Krockow
Die Stunde der Frauen
Bericht aus Pommern 1944 bis 1947
dtv 30014

Hans Graf von Lehndorff
Ostpreußisches Tagebuch
Aufzeichnungen eines Arztes 1945-1947
dtv 30094

Arno Lustiger
Zum Kampf auf Leben und Tod!
Vom Widerstand der Juden 1933-1945
dtv 30097

Helmuth James von Moltke
Briefe an Freya
1939-1945
Herausgegeben von Beate Ruhm von Oppen
dtv 2970

Marion Yorck von Wartenburg
Die Starke der Stille
Erzählung eines Lebens aus dem Widerstand
dtv 30090